KB106464

직장인 소개팅의 정석

남 *Office Work* 자 *Blind Date* 편

직장인 소개팅의 정석 _ 남자 편

발행일	2017년 01월 18일

지은이	황 남 인		
펴낸이	손 형 국		
펴낸곳	(주)북랩		
편집인	선일영	편집	이종무, 권유선, 송재병
디자인	이현수, 김민하, 이정아, 한수희	제작	박기성, 황동현, 구성우
마케팅	김회란, 박진관		
출판등록	2004. 12. 1(제2012-000051호)		
주소	서울시 금천구 가산디지털 1로 168, 우림라이온스밸리 B동 B113, 114호		
홈페이지	www.book.co.kr		
전화번호	(02)2026-5777	팩스	(02)2026-5747

ISBN   979-11-5987-385-0 03320(종이책)   979-11-5987-386-7 05320(전자책)

이 도서의 국립중앙도서관 출판예정도서목록(CIP)은 서지정보유통지원시스템 홈페이지(http://seoji.nl.go.kr)와
국가자료공동목록시스템(http://www.nl.go.kr/kolisnet)에서 이용하실 수 있습니다.
(CIP제어번호 : CIP2017001206)

황남인 지음

직장인 소개팅의 정석

남 *Office Work* 자 *Blind Date* 편

소개팅에서 결혼까지 원스톱 본격 연애 실용서

북랩 book Lab

'직장인 연애의 끝은 결혼,
대학생 연애의 끝은 이별'

공공연히 알고 있지만, 연인 관계에 있는 학생들이라면 입 밖으로 꺼내서는 안 되는 말이기도 하다. 헤어짐을 알고 연애를 시작하는 것은 아니지만, 대부분의 학생들은 서로를 결혼 상대자로 생각하지는 않는 것 같다.

직장인 남성은 우선 이성을 만나 마음에 들어야 사귀게 되고, 연애하면서 결혼을 고려하지만, 직장인 여성이라면 연애와 결혼을 함께 생각하지 않을 수 없다. 이제는 소개팅도 잘 안 들어오고, 오래간만에 괜찮은 이성을 만나도 애프터가 잘 안 되며, 연애 세포가 모두 죽은 것처럼 연애가 어렵게 느껴질 수도 있다.

과거 학창시절에는 잘 나갔는데, 직장인이 돼서는 먹고 사는 데온 힘을 다하다 보니 갑자기 연애를 어떻게 해야 할지 모르겠다는 생각이 든다. 직장인이 되면 주위의 사항, 가치관, 라이프스타일이 모두 바뀌는데 예쁜 여자와 연애만을 목적으로 하는 당신의 연애 사고와 연애 방식만 학창시절 그대로인 게 문제다. 더 큰 문제는 직장인 여성들이 남자를 선택하는 데 있어 연애 가치관과 연애 라이프스타일이 바뀌었다는 것이다.

이제는 학창 시절과는 전혀 다른 연애전략이 필요하다.

남자 직장인의 입장을 대변하는
남자 커플매니저!

결혼정보회사에 남자들이 급격히 적은 이유는 불편하기 때문이다. 스펙으로 등급이 나누어지는 것도 기분 나쁜데 비용도 만만치 않다. 커플매니저라고 하는 사람들은 모두 나이 많고 결혼한 아줌마들이라 속에 있는 얘기를 다 하기도 어렵고, 예쁜 여자를 소개해 달라 하면 결혼은 얼굴 뜯어먹고 사는 게 아니라며 눈 낮추라는 얘기만 늘어놓는다.

그렇다면 결론은 못생긴 여자랑 한평생 살라는 건가! 남자의 입장을 대변하는 남자 커플매니저가 있으면 좋을 텐데….

하지만 직장인 남자들도 좋은 여자를 만나기 위해서는 준비해야 할 것들이 있다. 아무리 괜찮은 여자를 소개해 주면 뭐하나? 그다음이 안 되면 커플매니저로서도 갑갑하고 답답하다.

그래서 고민하고 연구한 것이 바로 연애스펙인데, 그걸 높이면 당신의 연애가 훨씬 쉬워진다.

연애스펙은 외적 요소(외모, 키, 패션 감각, 학력과 학벌, 직업과 직장, 경제적 능력)와 내적 요소(매너와 태도, 이미지, 대화력, 보이스와 말투, 교양과 상식, 센스)인데 학벌을 제외하고는 당신의 노력 여부에 따라 얼마든지 변화시킬 수 있다. 또한, 표현하는 방식에 따라 다양하게 어필할 수 있으니 사회적 스펙이 좋지 않다고, 연애경험이 없다고, 부담 갖지 말고 연애스펙을 업시키면 얼마든지 좋은 여자를 만나 멋진 연애가 가능하다.

직장인 여성이라면 남자의 사회적 스펙을 따지고, 재어 보지 않겠냐고 묻는다면, 당신이 예쁘고 좋은 여자를 찾는 것처럼 당연히 여성들도 능력 있는 좋은 남성을 찾고자 한다고 말씀드리고 싶다. 하지만 여자도 자신이 만날 수 있는 좋은 남자의 범위가 있다는 것을 누구보다 잘 알고 있으며 모든 남자는 늑대라는 걸 알면서도 깜빡하고 한 순간에 모든 걸 내려놓기도 한다.

요즘 세대는 연애와 결혼을 포기한다고 하는데 그래도 실상 다들 할 것은 하고 산다. 경제적으로 조금 어려움이 있다는 것일 뿐, 사람은 혼자 살 수 없고, 본능적인 부분을 언제까지 막고 있을 수는 없다. 최근 저출산이 문제라 해서 솔로들은 위안을 삼지만 아이러니하게도 결혼식장 잡기는 왜 이렇게 힘든지 모르겠다.

직장인이 이성을 만나는
유일한 통로가 되어버린 소개팅

나는 직장인 여성은 진정성 있고, 존경할 수 있는 남자에게 자신의 미래를 맡기고 싶어한다는 말씀을 드리고 싶다. 직장인들이 이성을 만날 수 있는 유일한 통로가 되어버린 것 같은 소개팅에서 성공법만 잘 익혀 실천에 옮긴다면 당신이 만날 수 있는 여자 중 이상형에 가장 가까운 현실의 여자와 연애할 수 있을 것이다.

이 책에는 수많은 싱글 남녀의 연애상담과 실제로 연애컨설팅을 통해 직장인 싱글남이 소개팅 성공확률이 가장 높았던 최적화된 방법을 솔직하게 털어놓았다. 반대로 말하면 직장인 싱글녀가 가장 원하는 남자의 모습이기도 하다.

소개팅에 임하는 마음가짐부터 준비과정, 소개팅 전략, 연락하는 방법, 소개팅 애프터 및 고백, 직장인 싱글녀들의 연애 심리, 스킨십 진도 나가기, 이별 및 재회, 결혼 준비까지 실전에 바로 사용할 수 있는 소개팅 성공법을 정말로 세세하게 적었다.

사랑 때문에 고민하는 모든 직장인 남자들이 이 책을 읽고, 알콩달콩한 연애를 하며 더 나아가 결혼까지 성공한다면 좋겠지만, 조금이나마 자신의 단점은 버리고, 매력을 높여 연애를 통한 삶의 자신감이 붙길 바란다. 그리고 두 번 다시 마음에 드는 이성을 만났는데 놓치는 일은 없길 바라며, 오늘도 출근하여 고군분투할 직장인 싱글남의 행복한 연애를 진심으로 기원한다.

2017년 1월
커플매니저 황남인

차례

: 1장 : 직장인 연애의 시작

학창시절 연애습관 버리기

RULE 01 : 연애생각 – 학창시절의 연애는 소꿉장난이었다!　　　　　　　20

RULE 02 : 연애스펙 – 그 사람 어디 다녀, 뭐 하는 사람이야?　　　　　　22

RULE 03 : 연애생활 – 여성의 연애 라이프 스타일에 맞추도록 하자!　　24

RULE 04 : 연애루틴 – 잠자리만을 목적으로 했던 루틴은 이제 그만!　　27

RULE 05 : 연애과거 – 과거는 잊고, 입 밖으로 꺼내지 않는다!　　　　29

RULE 06 : 연애터치 – 스킨십은 기다릴 줄 아는 지혜가 필요하다!　　　31

RULE 07 : 연애과제 – 나 정도면 중간 이상! 착각에서 벗어나자!　　　　33

RULE 08 : 연애준비 – '동안이시네요'라는 달콤한 거짓말에 속지 말자!　35

RULE 09 : 연애연습 – 직장선배가 해주는 소개팅은 거절하지 마라!　　37

RULE 10 : 연애썸남 – 직장인 썸의 정의, 썸타기가 어려운 이유!　　　39

: 2장 : 직장녀가 사귀고 싶은 남자

여자 마음 이해하기

RULE 01 : 스타일 좋은 남자 – 조금만 가꾸어도 사랑받을 수 있다!　　　　42

RULE 02 : 내 맘 알아주는 남자 – 여자는 누구나 '새침한 왕비 콤플렉스'를 가지고 있다!　44

RULE 03 : 스펙 좋은 남자 – 서류전형에 통과해야 2차 면접을 볼 수 있다!　46

RULE 04 : 남자다운 남자 – 여자는 현명한 상남자를 좋아한다!　　　　　48

RULE 05 : 리드해주는 남자 – 데이트 시 양자택일로 질문하고, 선택은 남자가 해라!　50

RULE 06 : 진정성이 있는 남자 – 친오빠 같은 첫째 타입이 좋다!   52

RULE 07 : 존경할 수 있는 남자 – 당신은 지적, 교양상식이 있는 남자인가!   54

RULE 08 : 다정다감한 남자 – 백허그하고 싶은 남자가 되라!   56

RULE 09 : 매너 있는 남자 – 보이지 않는 곳에서 넛지매너를 가하자!   58

RULE 10 : 용서가 안 되는 남자 – 아저씨 같은 남자는 되지 말자!   60

: 3장 : 소개팅 전 준비사항

성공적인 연애를 위한 외적 요소 UP 시키기

RULE 01 : 패션 ① – 남자 직장인 소개팅 의상 고르는 법!   64

RULE 02 : 패션 ② – 세미, 캐주얼 정장 선택 및 연출법!(봄/가을)   66

RULE 03 : 패션 ③ – 셔츠, 코트 선택 및 연출법!(여름/겨울)   68

RULE 04 : 구두 – 키에 민감하고, 매너 있게 보이고 싶다면!   70

RULE 05 : 액세서리 – 벨트, 양말, 시계, 가방, 지갑 선택 및 활용법!   72

RULE 06 : 말투 – 말을 잘하는 남자는 어조, 어감, 어투가 다르다!   74

RULE 07 : 대화력 – 이성과의 대화력을 키우고 싶다면, Bar를 이용해라!   77

RULE 08 : 보이스 트레이닝 – 배우 같은 목소리를 원한다면!   79

RULE 09 : 피부관리 – 물광 피부는 당신을 귀공자로 만들어 준다!   81

RULE 10 : 향수 – 나만의 향기로 그녀를 사로잡아라!   84

: 4장 : 소개팅 전 고민

성공확률을 높이기 위한 설계하기

RULE 01 : 첫인상에 따른 데이트비용 전략(커피전문점→식당)　　　　　88

RULE 02 : 호감도에 따른 데이트비용 전략(식당→커피전문점)　　　　　90

RULE 03 : 개념 – 커피 사는 여자는 개념 있는 여자인가!　　　　　92

RULE 04 : 사진 – 원판 불변의 법칙은 이미 깨진 지 오래다!　　　　　94

RULE 05 : 지역 – 첫 만남, 그녀와 나 사이 어느 지점이 좋을까!　　　　　96

RULE 06 : 동선 – 발품이 아니면 손품을 통해 지역 일대를 탐방해두자!　　　　　98

RULE 07 : 식당 – 첫 만남에 술자리가 가능하다면 이걸 알아두자!　　　　　100

RULE 08 : 요일 – 첫 소개팅은 무슨 요일이 좋을까!　　　　　102

RULE 09 : 자동차 – 첫 만남에 가지고 나가는 게 좋을까!　　　　　104

RULE 10 : 헤어짐 – 어느 타이밍에서 헤어져야 할까!　　　　　106

: 5장 : 타깃 변경하기

알면서도 잘 안 되는 것들 도전해보기

RULE 01 : 썸타기 – '썸녀'는 스킨십을 허락하지 않는다!　　　　　110

RULE 02 : 자기소개 – 자신도 모르게 잘난 척과 허세가 나온다!　　　　　112

RULE 03 : 직업과 직장 – '비록… 부족하지만'이라고 말하지 않기!　　　　　114

RULE 04 : 연애레슨 – 키스할 수 있는 외모의 여자와 레슨한다!　　　　　116

RULE 05 : 자기계발 – 나보다 연애스펙 좋은 여자를 만나보자!　　　　　118

RULE 06 : 상대의 매너 – 영혼 없는 눈빛과 리액션에 속지 말자!   120

RULE 07 : 외모진화론 – 여자의 외모는 진화와 변신을 거듭한다!   122

RULE 08 : 나이 ① – 20~32세까지, 여성의 생각을 읽어보자!   124

RULE 09 : 나이 ② – 33세 이상, 여성의 생각 및 공략법!   126

RULE 10 : 여자직업 – 교사, 공무원과 잘 되기 어려운 이유!   128

: 6장 : 연락하는 방법

소개팅 전후 문자, 전화, 카톡

RULE 01 : 소개팅 전 연락 – 전화번호를 받으면 바로 전화해라!   132

RULE 02 : 소개팅 전 전화 – 컬러링만으로 성향을 알 수 있다!   134

RULE 03 : 소개팅 전 문자 – 한 통으로 당신의 인품이 보인다!   136

RULE 04 : 소개팅 전 카톡 – 직장인 소개팅에서 카톡은 금지!   138

RULE 05 : 소개팅 전 SNS – 과거는 깔끔하게 지워라!   140

RULE 06 : 소개팅 후 문자 – 기상청 문자는 이제 그만!   142

RULE 07 : 소개팅 후 전화 – 짧지만 매일 같은 시각에 하는 것이 좋다!   144

RULE 08 : 소개팅 후 카톡 – 카톡은 두 번째 만남 이후부터!   146

RULE 09 : 소개팅 후 연락 잘 안 되는 여자 – 당신이 1순위가 아니다!   148

RULE 10 : 단체미팅이나 동호회에서 – 연락처가 목적이 되어서는 안 된다!   150

: 7장 : 첫 만남부터 고백까지

여자 마음 움직이기

RULE 01 : 첫 번째 만남 '설레임' – 이 사람 만나보니 괜찮더라!　　　　154

RULE 02 : 첫 만남 여자심리 – '한 번 더 만나볼까?'라는 생각이 들어야 한다!　　156

RULE 03 : 두 번째 만남 '친근함' – 가까워지고 익숙해져라!　　　　158

RULE 04 : 두 번째 여자심리 – 내 남자친구, 남자로 느껴져야 한다!　　　161

RULE 05 : 세 번째 만남 '세심함' – 따뜻하게 챙겨줘라!　　　　163

RULE 06 : 세 번째 여자심리 – 여자의 반격, 밀당을 슬기롭게 견뎌내라!　　165

RULE 07 : 네 번째 만남 '근사함' – 멋지게 고백하라!　　　　167

RULE 08 : 네 번째 여자심리 – "생각해볼게요!"라고 하면 마감기한을 정해줘라!　169

RULE 09 : 만날 때마다 – 밀당이 아닌 심리적 거리를 좁혀라!　　　171

RULE 10 : 소개팅 후 여자심리 – 여자의 마음 100–1=0, 여자도 모른다!　　173

: 8장 : 소개팅 100% 최적화

당신이 보여줘야 할 모습

RULE 01 : 첫 이미지 – 의상과 스타일에서 비기기만 해도 승산 있다!　　176

RULE 02 : 대화주제 – 넓고 얕은 지식에 경험을 첨가하면 금상첨화!　　178

RULE 03 : 전력질주 – 사자는 토끼 한 마리를 잡더라도 온 힘을 쏟는다!　　180

RULE 04 : 비전제시 – 여자가 예상할 수 있는 비전만 보여줘라!　　182

RULE 05 : 대화자세 – 남들이 모르는 소개팅에 최적화된 자세가 있다!　　184

RULE 06 : 남다른 차별성 – 스마트하고 진정성 있는 남자를 더 알고 싶어 한다!　186

RULE 07 : 첫 만남 비용 – 돈을 쓸 줄 아는 남자처럼 보여라!　188

RULE 08 : 소개팅 애프터 – 애프터 3법칙을 만족해야 2번째 만남이 가능하다!　190

RULE 09 : 소개팅 마무리 – 집에 잘 보내는 것도 전략!　192

RULE 10 : 소개팅 진상 – 깔끔하게 물러나고, 다음을 위한 자양분으로 삼는다!　194

: 9장 : 소개팅 대화법

자기PR, 피(P)할건 피하고 알(R)릴건 알려라!

RULE 01 : 공감주제 – 대화가 막히면 학창시절로 돌아가라!　198

RULE 02 : 고해성사 – 물어보지 않은 건 먼저 얘기하지 않는다!　200

RULE 03 : 언어구사 – 세련된 말투로 Upgrade, 대화력 기르기!　202

RULE 04 : 연애경험 – 과거의 연애사는 얘기하지 않는다!　204

RULE 05 : 이상형 – 이상형이 어떻게 되세요!　206

RULE 06 : 질문과 답변 – 듣고 싶은 대답을 듣게 해줘라!　208

RULE 07 : 대략난감 – 자기 주장하지 말고, "왜"라고 묻지 마라!　210

RULE 08 : 최고의 대화법 – 내가 질문하고 내가 답변 후 상대 의견 묻기!　212

RULE 09 : 직업에 대해 물어보면 – 규모, 소속, 업무 순으로 답해준다!　214

RULE 10 : 외모를 칭찬할 때는 – 신중히, 다른 특징을 빨리 찾아라!　216

: 10장 : 스킨십 잘하기

연애 시작, 여자친구가 원하는 스킨십!

RULE 01 : 스킨십 시도 – 사귀지 않는 사이에서는 시도하지 않는다! 220

RULE 02 : 연애의 시작 – 사귀는 것은 맞지만 스킨십을 허락한 건 아니다! 222

RULE 03 : 스킨십 거절 – 스킨십 시도의 계산이 틀렸기 때문이다! 224

RULE 04 : 스킨십 단계 – 자연스럽게 손잡기부터 시작하기! 226

RULE 05 : 스킨십 신호 – 잡아당기거나 어깨에 기대면 반응이 온 것이다! 228

RULE 06 : 첫 섹스 장소 – 싸구려 모텔에서 하지 않는다! 230

RULE 07 : 첫 섹스 애무 – 사랑받고 있다는 느낌을 받을 수 있게! 232

RULE 08 : 관계 중 멘트 – "좋아?"가 아닌 "사랑해"라고 얘기해준다! 234

RULE 09 : 스킨십의 끝 – 그녀에게서 "여보"라는 얘기가 나와야 안정권이다! 236

RULE 10 : 성적 판타지 – 어떻게 하는 게 좋은지 이야기하기! 238

: 11장 : 이별 잘하기

새로운 시작 아님 재회를 원한다면!

RULE 01 : 고백 후 거절 – 거절당한 이유를 알아내고 고쳐야 한다! 242

RULE 02 : 첫 번째 위기 – 사귄 지 3개월, 아직도 못했다면! 244

RULE 03 : 이별 TEST – 그녀와의 만남이 즐겁지 않을 때 해보자! 246

RULE 04 : 이별 전주곡 – 갑작스런 이별은 없다. 전주곡부터 시작된다! 248

RULE 05 : 마지막 배려 – 이별할 때는 과감하게 '악역'을 맡아라! 250

RULE 06 : 남녀의 차이 – 여자친구와 싸우면 이해하려고 하지 마라! 252

RULE 07 : 애교와 장난 – 놀리면서 감정이 섞이면 싸우게 된다! 254

RULE 08 : 이별 10계명 – 이별을 고하기 전 생각해야 할 10가지! 256

RULE 09 : 헤어진 여자 – 잡고 싶다면 그녀의 잔소리를 떠올려라! 258

RULE 10 : 재회 5법칙 – 성공적인 재회를 하고 싶다면! 260

: 12장 : 연애 심화 단계

연애 고수들은 어떻게 다를까!

RULE 01 : 연애자본주의 – 데이트 비용을 아까워하지 않는다! 264

RULE 02 : 초반 기선제압 – 생각할 틈을 주지 말고 주도권을 쥐어라! 266

RULE 03 : 거리 생각않기 – 거리가 가까우면 연애가 잘 될까! 268

RULE 04 : 기다리는 지혜 – 스킨십 타이밍을 정확히 안다! 270

RULE 05 : 남자친구 있어? – 반대로 여자의 마음 흔들어보기! 272

RULE 06 : 연애의 갑과 을 – 연애도 거래! 갑과 을이 있다! 274

RULE 07 : 갑이 되는 방법 – 연애의 갑이 될 때까지 노력한다! 276

RULE 08 : 술자리 활용법 – 늑대 본능을 잠시 숨긴다! 278

RULE 09 : 와인 활용법 – 어떤 와인으로 어떻게 유혹할까! 280

RULE 10 : 스펙 좋은 여자 – 만남의 기회가 온다면 한없이 착하게! 282

: 13장 : 오랜 연애 유지

싸우거나 바람, 권태기 대처방법!

RULE 01 : 마법에 걸리는 날 – 여자친구 월경 날짜 및 특성 알아두기!   286

RULE 02 : 시선 처리하는 법 – 다른 여자 쳐다보지 않고 집중하기!   288

RULE 03 : 바람을 피웠다면 – 바람피웠다가 들켰을 때 대처하는 방법!   290

RULE 04 : 사귀고 첫 술자리 – 술 한잔 기울일 수 있는 여자친구 만들기!   292

RULE 05 : 지적하지 말기 – 패션, 화장, 친구와의 만남에 대해서!   294

RULE 06 : 알아도 모르는 척 – 그녀의 직장, 사는 동네, 민망한 상황!   297

RULE 07 : 데이트 비용지출 – 경제적 상황을 고려하여 현명하게 사용하는 법!   299

RULE 08 : 위험한 애교 장난 – 일하기 싫다는 투정, 때리는 장난은 하지 않기!   301

RULE 09 : 권태기가 온다면 – 연애 안정기에 섹스에 대한 변화가 필요하다!   303

RULE 10 : 자존심 세워주기 – 콤플렉스까지 사랑으로 감싸주기!   305

: 14장 : 직장인 연애의 끝

알려주지 않는 남자들의 결혼준비!

RULE 01 : 결혼준비 첫 번째 – 혼자서 하는 게 아닌 양가의 돈 놀음!   308

RULE 02 : 결혼준비 두 번째 – 물에 빠진 엄마와 그녀, 누구부터 구할래?   310

RULE 03 : 결혼준비 세 번째 – 정식 인사 시 여자친구 부모님 생각해주기!   312

RULE 04 : 결혼준비 네 번째 – 집 장만 비용 및 대출 어떻게 준비해야 할까!   314

RULE 05 : 결혼준비 다섯 번째 – 터닝 포인트! 상견례 및 결혼식장 정하기!   316

RULE 06 : 결혼준비 여섯 번째 – 여자가 양보 못 하는 '스.드.메' 이해하기!　　　318

RULE 07 : 결혼준비 일곱 번째 – 주례, 사회, 축가, 신혼 여행지 정하기!　　　320

RULE 08 : 결혼준비 여덟 번째 – 예물, 예단, 혼수, 꾸밈비는 실용적으로!　　　322

RULE 09 : 결혼준비 아홉 번째 – 예단비, 봉채비 문제가 파혼의 주범!　　　324

RULE 10 : 결혼준비 열 번째 – 신혼여행 꿀팁, 세상에서 가장 멋진 남자!　　　326

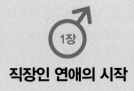

학창시절 연애습관 버리기

RULE 01 : 연애생각

학창시절의 연애는 소꿉장난이었다!

학창시절에는 아직 '연애 가치관'이 형성되지 않아, 조금만 괜찮다 싶거나, 아주 보기 싫지 않으면 곧잘 사귈 수 있었습니다. 그러나 직장인이 되면 연애가 갑자기 어렵게 느껴지게 되는데 그 이유는 다음과 같습니다.

첫째, 직장인이기 때문에 이성을 만날 기회가 부족합니다. 대학교라는 울타리 안에서는 이성을 만날 기회가 많습니다. 학과수업, 교양수업, 동아리, 학생회, 모꼬지(엠티), 인턴활동, 어학연수, 영어학원, 스터디 모임 등 스펙업을 위한 활동에도 연애의 기회가 숨어 있습니다. 또한, 학창시절에는 클럽이나 술집, 길거리 등에서 이성에게 만남을 제안해 볼 수 있었지만, 만약 직장인이 되어 그렇게 행동한다면 이 어지럽고 흉흉한 세상에 정신 나간 사람으로 오해나 받지 않으면 다행일 것입니다.

둘째, 이성에게 호감가는 요소가 달라집니다.

학창 시절에는 한 가지 이유로 호감을 가지고 이성을 사귈 수 있었지만, 직장인이 되면 경제적 능력 같은 외적 요소와 함께 상대의 인성같은 내적 요소를 간과하기 어렵습니다. 무엇보다 여학생은 직장남이 생각하기에 말도 안 되는 이유로 연애로 이어지기 쉽습니다. '잘생겨서, 키가 커서, 춤을 잘 춰서, 동아리 회장이라서, 영어를 잘해서, 좋은 학교 다녀서, 공부를 잘해서, 옷을 잘 입어서, 재미있어서, 시크해서, 차가 있어서, 내 말을 잘 들어서…'

셋째, 학창시절 연애의 끝은 이별입니다.

학창 시절에는 사귄다고 하여 상대와 결혼까지 생각하는 사람이 드뭅니다. 잠자리를 가졌다고 해서 매달리거나 구차한 변명은 하지 않습니다. 하지만 직장인 여성은 학창시절에 연애 경험이 많았다 하더라도 결혼이라는 전제 앞에서는 조심스러워진다는 것을 이해하셔야 합니다.

직장인은 한 명의 이성조차 만나기 힘든데, 학창시절에는 언제든지 다른 사람을 만날 기회가 많아, 가볍게 헤어지고 곧 새로운 관계를 만들거나 동시에 여러 명을 만나기도 합니다. 때문에 직장인의 연애 및 결혼정보 시장에서는 학창시절의 연애는 인정하지 않는 것입니다.

> **TIP** 학창시절의 연애는 좋은 추억으로만!

RULE 02 : 연애스펙

———

그 사람 어디 다녀, 뭐 하는 사람이야?

학창시절에는 다양한 요소들이 이성을 유혹할 수 있지만, 직장인이 되면 어쩔 수 없이 절대적인 요소가 생기게 됩니다.

여대생들은 친구에게 남자를 소개받을 때 먼저 "그 사람 어때, 괜찮아?"라고 물어보지만, 직장인 싱글녀는 "그 사람 어디 다녀, 뭐 하는 사람이야?"라고 물어봅니다. 싱글남이라면 이 질문에 답을 할 수 있는 직장인이 되어야 합니다. 당신은 뭐라고 대답하실 건가요?

학창시절에는 학생이라는 신분에 소속되어 있었지만, 대학 졸업과 동시에 어떤 직장을 다니고, 직업이 무엇인지에 따라 여러분의 사회적 가치가 달라집니다. 남성 직장인들이 여성 직장인들에게 어필하기 좋은 유혹의 요소는 학벌, 직장과 직업같은 스펙인 것은 부인할 수 없는 사실입니다만, 절대적이진 않습니다. 본인의 스펙이 부족하다고 생각되는 직장인 남성이라도 실망하지 맙시다. 결혼정보 회사나 소개팅 회사, 지인 소개 등 다양한 매개체를 통해 만남은 얼마든지 진행될 수 있습니다. 중요한 것은 그 외의 다른 연애스펙인 외적 요소(외모, 키, 패션 감각, 학력과 학벌, 직업과 직장, 경제적 능력)와 내적 요소(매너와 태도, 이미지, 대화력, 목소리와 말투, 교양과 상식, 센스)로 각각 6가지입니다. 이 부분을 채워야 좋은 여자를 만나 행복한 연애를 할 확률이 높아집니다. 몇 가지만 빼고 나면 자신의 노력으로 연애스펙을 충분히 올릴 수 있습니다. 먹고살기 바쁜 현대의 직장인이 무슨 이미지와 매너, 목소리, 센스, 교양 이런 것들을 어느 세월에 다 관리할까 생각할 수도 있지만 일도 잘하고 바쁘게 생활하는 직장인일수록 자기계발 또한 열심히 한다는 연구결과가 있습니다.

10대를 어떻게 보냈느냐에 따라 당신의 학력과 학벌이 결정되며, 대학 4년을 어떻게 보냈느냐에 따라 당신의 현재 직장과 직업이 결정될 것입니다. 이제 연애의 종착역을 향해가고 있습니다. 지금부터 쌓인 노력으로 아내의 얼굴을 바꿀 수 있습니다. 이제 조금 섬뜩하신가요?

평균 25년 이상 살아오면서 굳어져 온 습관이나 관습처럼 연애 라이프 스타일 또한 하루 아침에 바꾸기 쉽지 않습니다, 아니 매우 어려울 수 있습니다.

그러나 마지막 기회입니다. 다양한 연애요소로 최대한 당신의 매력을 업시켜 내가 만날 수 있는 최고의 이성을 만날 수 있도록 노력해봅시다!

TIP 다양한 연애요소로 당신의 매력을 Up 하자!

RULE 03 : 연애생활

여성의 연애 라이프 스타일에 맞추도록 하자!

학창시절에는 라이프 스타일이 비슷하다 보니 연애방식도 다들 비슷비슷할 수밖에 없었습니다. 직장인이 되면 경제력이 생기면서 취미나 여가생활을 누리다 보니 사람마다 각자 좋아하는 것들이 달라집니다.

지금까지 당신의 연애방식은 어떠했나요?

영화 보고 밥 먹고 차 마시고, 아니면 차 마시고, 영화 보고, 밥 먹고…(학창시절에는 이런 연애도 처음이라 재미도 있을 수 있지만, 이제 당신은 직장인입니다!) 이러한 데이트를 계속 반복해왔다면 상대방이 얼마나 지루했을까요?

소개팅에서 마음에 드는 이성이 나왔다면 고백하기 전까지 데이트를 여러 번 하게 될 텐데 가장 좋은 연애 라이프 스타일은 소개팅에서 만난 이성을 파악하고 그녀의 라이프 스타일에 맞는 연애방식을 고르는 것입니다. 당신이 좋아하지 않는 것들이라도 당신이 그녀를 좋아하니 그녀의 라이프 스타일에 맞출 수 밖에 없습니다.

자, 건대입구에 사는 ○○양은 집 근처에서 데이트하는 것을 좋아합니다. 간단히 건대입구 근처의 있는 식당과 커피전문점, 술집, 영화관, 쇼핑센터, 좋아하는 패션 브랜드 등을 알아두고 산책로 및 동선까지 연구하면 됩니다. 술을 좋아하는 ××양을 좋아한다면, 맛있는 술에 대해 연구해보기를 권합니다. 값비싼 양주나 보드카를 사줘도 좋아할 수 있고, 와인은 깊이 있게 공부해 볼 수도 있습니다. 맛있는 안주가 있다면 좋겠지만 어쩌면 분위기와 조명에 더 약할 수도 있겠지요. 맛있는 음식을 즐기는 △△씨를 좋아한다면 둘 중 하나인데, 지역 중심이면 한 지역의 다양한 음식점을 알아두어야 할 것이고, 메뉴중심이면 고기가 맛있는 집, 한식이 맛있는 집으로 준비하면 될 것입니다. 이제 조금 이해되나요? 상대 이성이 좋아하고, 익숙한 라이프 스타일에 초점을 맞추어 데이트를 하는 것이 바로 맞춤식 '연애 라이프 스타일'입니다. 조금만 손품을 팔아 인터넷으로 정보를 알고, 데이트 1~2시간 전에 발품을 팔면 훌륭한 데이트 코스가 될 수 있습니다. 60억 인구 모두 연애 라이프 스타일이 다르고 사람마다 취향과 개성이 다르니 계속 써먹던 방법 써먹지 말고, 꾸준히 상대에 따라 데이트 방식을 연구하길 바랍니다.

직장인 싱글 남성들은 소개팅에서 마음에 드는 이성이 나오면 자기도 모르게 좋아하는 마음에 그녀를 당신만의 라이프 스타일에 맞추도록 밀어붙이며, 데이트를 하면 같이 있고 싶은 마음에 오랫동안 붙잡아 두려고만 합니다. 하지만 당신과 했던 데이트 방식은 이미 이전의 만남에서 다 했던 것들입니다. 맞춤식 연애방식으로 당신과 잘되지 않더라도 다시는 이런 사람을 보기 어렵다는 생각으로, 최선을 다하길 바랍니다. 그녀가 땅을 치고 후회할 정도로!

TIP 　맞춤식 연애 라이프 스타일로 데이트하라!　”

RULE 04 : 연애루틴

———

잠자리만을 목적으로 했던 루틴은 이제 그만!

클럽이나 나이트라는 구장에서 이성을 유혹하는 기술, 길거리에서 만남을 제안하는 방법을 가르쳐 준다는 픽업 아티스트들의 방식은 불건전한 연애를 조장하기도 하는데 이때 '루틴'이라는 용어가 사용된다고 합니다. 효과가 있는지 없는지는 모르겠고 나이가 어린 사람이라면 한 번쯤 솔깃할 수도 있을 것 같으나 올바른 가치관을 가진 직장인이라면 이러한 만남이 얼마나 의미가 없는 지 잘 알 것입니다.

운동선수를 예로 들면, 루틴이란 최상의 운동수행 상태로 만들기 위한 자신만의 고유한 동작이나 절차를 가지는 것을 말합니다. 마찬가지로 연애에서도 자신만의 루틴을 만들어 놓으신 분들이 많습니다. 누구나 가장 잘 되었던 소개팅 경험이 있을 겁니다. 그때 입었던 의상, 신발, 옷 색상, 그때 갔던 음식점이나 커피전문점, 멘트와 웃음코드, 흥밋거리 등이 있었습니다. 지금도 과거의 그녀가 웃어주던 그 모습이 떠나지 않겠지만 이런 기억은 빨리 잊으시길 바랍니다.

학창시절에는 학교라는 커다란 구장과 행동반경이 넓어 자신만의 루틴으로 만들어 놓은 음식점이나 단골 술집도 있고 의상도 어울리는 거라면 무엇이든 상관없었지만, 직장인이 되면 경제력이 생기게 되어 상황에 맞는 의상을 입을 줄 알아야 합니다. 또한, 여성이 좋아하는 음식과 취향도 모두 다르고, 사는 곳 또한 거리가 멀 수도 있습니다.

학창시절에는 학생이라서 통하는 것이 있고, 직장인은 직장인으로서의 보여줘야 하는 것들이 있습니다. 학창시절 가장 여성에게 잘 통했던 자신만의 틀에 박힌 연애루틴에서 벗어나지 못하면 그 루틴에 자신이 빠져 직장인으로서의 연애가 더 힘든 상황이 될 수 있습니다.

우리나라 직장인 여성들은 자본주의 사회로 입시 위주의 교육과 취업에 급급한 나머지 연애를 책으로 읽고 드라마와 영화로 배우신 분들이 많아 그녀들이 공통적으로 좋아하는 요소들이 많이 있습니다.

잠자리만을 목적으로 했다거나 나이트나 클럽에서 이용했던 학창시절의 루틴 등은 이제 버리길 바라며, 직장인으로서의 스마트한 연애와 올바른 결혼 가치관에 관련된 정보들을 익히고(하나씩 말씀드리겠습니다), 자신의 단점은 배제하여 이성이 좋아할 당신만의 장점과 매력을 업그레이드하는 것이 예쁜 연애를 하는 지름길입니다.

TIP 쓸데없는 연애루틴은 이제 그만! 자신만의 매력을 Up!

RULE 05 : 연애과거

과거는 잊고, 입 밖으로 꺼내지 않는다!

소개팅을 나가면 단골 질문 중에 하나가 "헤어진 지 얼마나 되셨나요?", "전에 사귄 분은 어떤 분이었나요?"라고 과거를 물어보는 경우가 있는데, 이성이 마음에 든다면 적당히 대답하고 넘어가야 합니다. 소개팅에 나가서 대화가 풀리지 않다가 갑자기 과거의 연애 얘기를 꺼내면 대화가 잘 될 때가 있습니다. 누구나 남의 연애 이야기는 재미있어합니다. 앞에 앉아 있는 이성도 당신의 연애사를 듣고 귀를 쫑긋하고 집중하는 것일 뿐이지 당신에게 호감이 있어서 당신의 이야기를 잘 들어준다고 착각하면 안 됩니다.

이때 주의해야 할 것은 추억에 잠겨 열변을 토할 필요가 없습니다. 당신만 손해입니다. 왜 헤어졌는지 이유가 나오게 되고, 예쁜 그녀가 웃음을 날리며 좋아라 하고 맞장구까지 쳐주니 신이 나서 안 해도 될 얘기까지 하게 됩니다. 과거에 당신이 했던 말과 행동, 좋지 않은 습관 등을 얘기할 경우 당신이 가지고 있는 성향이기 때문에 상대 이성에게 간파당하고 맙니다. 당신의 과거는 마음속에 고이 간직하길 바랍니다! 내보이는 것이 아닙니다. 입장 바꾸어서 당신이 여자친구의 과거를 안다면 잘 만날 수 있을까요?

문득 학창시절의 그녀가 그리워질 때가 있습니다. 술만 마시면 과거의 그녀에게 늦은 시간 전화를 하는 남성분들이 많은데 이런 모습을 멋있다고 착각하는 분들도 있습니다. 직장인이 된 지금 술 마시고 전화하는 일은 없어야 됩니다.

'이럴 때 그녀는 이랬는데…', '그녀는 이렇게 말해주었는데…'

학창시절에는 직장에 다니기 전보다 서로의 연애만 생각하는 시간이 많다 보니, 직장인이 되어 만나는 사람보다 더 나를 좋아해주고, 사랑해주었던 것만 같은 생각이 들기도 합니다. 또한, 과거에 그렇게 예뻤던 그녀에게 왜 그렇게 못 되게 굴었고 먼저 헤어지자고 했는지 후회도 되지만 이미 지나간 일이랍니다. 이제 당신은 어른이고 직장인입니다. 연애 말고도 집중하고 해야 할 일들이 많이 생깁니다.

학창시절과 함께 좋았던 과거에 너무 연연하지 말고, 새로운 사람을 만나보도록 합시다. 인연이 나타나면 그녀에게 집중하되 과거의 그녀 얘기는 절대 하지 말도록 합시다.

TIP 과거는 가슴 속 추억으로 남기고,
새로운 인연으로 잊어버리자!

RULE 06 : 연애터치

스킨십은 기다릴 줄 아는 지혜가 필요하다!

직장인 싱글남이 가장 뜻대로 되지 않는 것 중에 하나가 스킨십입니다. 학창시절에는 사귀지 않더라도 손잡고, 바로 잠자리까지 쭉쭉 진도가 나가는 경우도 있습니다. 잠자리를 하고 나서 사귀는 경우도 있습니다. 청춘남녀가 거칠게 없고, 쿨하기 때문에 여학생 입장에서도 입술을 허락하는 것은 크게 어렵지 않습니다. 학창시절에는 만남의 횟수가 많고 함께 붙어있는 시간이 많아 서로를 잘 이해하고 공유하는 가치관이 비슷하다보니 쉽게 만나고 스킨십 진도에 가속도가 붙습니다. 또한, 술의 힘을 빌려 취한 척 밀어붙이거나 징징거리기도 하며, 때도 써보며 그녀의 마음을 갈구하거나 스킨십을 요구했던 적도 있을 겁니다.

하지만 직장인이 되면 학창시절에 했던 방법들이 얼마나 유치하고 안 먹히는지 알게 됩니다. 밀어붙이거나 자신만의 생각으로 스킨십을 시도하다가 다시는 그녀를 보지 못하게 되는 경우도 많습니다. 그동안 애썼던 시간과 노력이 한순간의 잘못된 판단으로 물거품이 되어 버립니다.

직장인이 되면 각자 직장 생활 및 여러 가지 환경적 상황들로 인해 한 달에 주말마다 4번 보기도 힘들 수 있습니다. 또한, 사귀기 전에는 손을 먼저 잡는 것도 쉽지 않습니다. 그렇게 함께 시간을 보냈던 그녀가 직장인이 되고, 나이가 30대로 접어들었다면 스킨십이 그리 쉽지 않습니다. 직장인 싱글 여성은 이번에 만나는 사람을 연애의 종착역인 결혼까지 고려하기 때문입니다. 내가 쉬운 여자로 보이면 어떡하나 하는 걱정도 많이 합니다. 또한, 당신이 괜찮은 사람인지 아닌지 검증이 되지 않으면 연애가 시작되지 않고, 나를 얼마만큼 사랑하고 있는지 확인이 되지 않으면 스킨십을 허락하지 않을 것입니다.

너무 성급해도 문제가 되지만 질질 끄는 여성의 마음을 편안하게 해주지 못하고 신뢰를 주지 못한 것도 남성분의 책임이랍니다. 스킨십을 거절당하거나 마음대로 되지 않으면 만나는 여성에 대해 흥미가 떨어지며 다른 여자가 눈에 들어올 수 있습니다. 이때가 가장 위험한 고비입니다, 이 시기를 잘 넘기느냐 마느냐에 따라 그녀와의 연애가 시작되느냐 안 되느냐 결정되는 순간입니다.

직장인 싱글남이라면 혼자 노는 방법도 알고, 여성의 마음을 편하게 해주며 천천히 기다릴 줄 아는 지혜도 필요합니다.

TIP 스킨십은 최대한 천천히 시도하라!

RULE 07 : 연애과제

———

나 정도면 중간 이상! 착각에서 벗어나자!

남성은 곧잘 '나 정도면 괜찮지', '중간 이상이지'라고 생각합니다. 중간 이하라고 생각하는 사람은 커플매니저로 활동하면서 한 명도 보질 못한 것 같습니다. 잘 생각해보면 당신도 과거에는 꽤 괜찮은 여성을 몇 번 만나보았을 것입니다. 나름 외모가 출중한 여성, 남들이 한 번쯤 쳐다볼만한 여자를 만나보지 않았는가요!("저는 그런 경험 없는데요" 하시는 분은 연애경험이 적은 연애 하수라는 것을 인정하고 다른 내용도 살펴보도록 합시다!)

여학생들은 별의별 이유로 남학생과 사귈 수 있다는 것을 앞에서 언급했습니다. 그래서인지 길거리를 지나다 보면 충분히 못생긴 남학생이 예쁜 여학생과 사귀거나 함께 다니는 것을 보며 '남자가 돈이 많은가?'하며 안타까워한 적도 있을 것입니다.

과거에는 연애가 끊이지 않고, 잘 나갔던 당신이었을 수 있습니다. 취업 후 3년 정도 신입사원으로 정신없이 보내고 나면 당신도 모르게 찌들어가며, 당신의 몸은 타이어 뱃살과 함께 획일화된 패션 스타일로 직장인화 되었고, 마음은 지칠 대로 지쳐 있습니다. 슬슬 연애도 하고 싶고, 내 편이 되어줄 여성이 간절해지며 과거의 그녀들이 생각날 것입니다. 하지만 과거의 그녀는 없습니다.

당신의 나이, 몸과 마음, 생각까지 직장인화되고 바뀌었는데 '연애 라이프 스타일'만 그대로입니다. 당신이 과거 멋진 여성을 만났을 때의 구식 연애방식과 '나 정도면 괜찮지'라는 안일한 생각으로 자기 자신한테 관대해져선 안 됩니다. 이놈의 병은 약도 없습니다. 쓴 소리 들을 각오를 하고 주위의 연인이 될 수 없는 이성(결혼한 분도 좋다)이나 연애전문가(이성)를 찾아서 자신이 이성에게 어떻게 보이는지 알고, 단점이 있다면 반드시 찾아서 고쳐야 합니다. 방치하다가 자신이 호감 가는 여성에게 거절당하고 나서 그 이유(직/간접)를 듣게 되면 그때 충격을 받고 조금씩 변화하거나 고치기 시작합니다. 직장인이 되어 새로이 연애를 시작하려는 당신, 만나는 순간 여성 앞에서는 주눅들지 않고 당당해야겠지만 넘치는 자신감은 금물입니다.

남성은 여성에게 사랑받기 위해 외적 요소와 내적 요소의 매력을 끊임없이 높여 나가야만 사랑받을 수 있습니다. 연애의 신 앞에서 잘 될 거라는 확신보다는 마음을 비우고 겸손해지도록 합시다.

> **TIP** 남성의 평생 과제는 연애다!

———

'동안이시네요'라는 달콤한 거짓말에 속지 말자!

직장인이 되면 오빠가 아닌 삼촌이나 아저씨라는 표현을 들을 수 있습니다. 반대로 "주위에서 저보고 동안이라고 하더라고요"라는 분도 있는데 무엇이 진실일까요?

생각해보면 "애들이 그러는데요" 그러면 반문합니다. "애들 누구 누구가 그렇게 얘기했는지 말해볼래?"라고 말입니다. 사실은 자기가 하고 싶거나 듣고 싶은 얘기일 뿐입니다. "동안이시네요"라고 말하는 주위 사람들은 도대체 누구인가요? 어떤 관계에 있는 사람들이 당신보고 동안이라고 하나요? 보통 지인, 친구 및 부하 직원들로서 당신과의 관계가 깨지면 안 되는 상황에 있는 사람들로서 10명도 채 될까 말까일 수 있습니다.

당신의 기분이 좋아지라고 하는 얘기를 마음속에 넣고, 두고두고 되새김하지 않았으면 합니다. 세월을 어찌 거스를 수 있겠습니까? 진짜 나이가 어린 사람에게는 동안이라고 하지 않습니다. 젊어 보인다는 진짜 '동안'이라는 말을 듣고 싶으면 몇 가지 스스로 체크해 보길 바랍니다.

주름이 적은 경우도 관리를 잘해서라기보다 한국 남자는 여자보다 감정에 대한 얼굴 표정의 변화가 많지 않기에 주름이 적을 수 있습니다. 이런 경우 당신이 재미없거나 무뚝뚝한 남자일 수도 있습니다. 한눈에 드러나는 여드름이나 트러블이 없다고 피부에 화장품을 쓰지 않는 분들도 있던데, 당신의 피부 상태는 건조하고 기미나 블랙헤드 등으로 가득할 수 있습니다. 일부러 태닝한 것도 아닌데 술과 담배를 많이 하고, 야근에 찌들어서 거칠고 까무잡잡한 얼굴색인 경우, 해로운 물질들을 조금만 줄여보도록 합시다. 이마에 주름이 진하면 당구를 치거나, 입술 모양이 바르지 않다면 담배를 피우는 사람일 것입니다. 마른 몸매는 돈이 없어 보이고, 살이 찐 것은 당연히 좋지 않습니다. 좋은 몸매는 바라지도 않습니다. 배가 나오지 않고, 정상체중만 유지하도록 합시다.

나름대로는 차려입는다는 게 스마트한 직장인 패션이 아니라 더 나이가 들어 보이는 경우도 있습니다. 회사 내의 분위기가 있고, 매일 출퇴근하며 비슷한 부류의 사람들만 보다 보니 당신의 패션 감각이 무뎌져 있을 수도 있습니다. 주말에는 멋진 옷을 입고 데이트하러 가야지라는 생각보다 쉬고 싶을 수도 있고, 어차피 짝도 없고, 만남이 잘되지 않는다고 해서 그냥 패션에 대해서는 내려놓는 경우가 있습니다.

인사치레로 듣기 좋은 말이 아니라 지금부터 몸과 마음 모두 젊은 감각을 유지하며 멋진 연애를 위해 준비해야겠습니다.

TIP 머리끝부터 발끝까지 진짜 동안이 되자!

RULE 09 : 연애연습

———

직장선배가 해주는 소개팅은 거절하지 마라!

직장에 들어가게 되면 사수와 부사수의 관계가 생기는데 당신에 대해서 꽤 많이 알고 있습니다. 그래서 소개팅해 주기가 편합니다. 선배가 발 벗고 나서는 이유는 그의 입장에서는 손해 볼 게 하나도 없는 장사이기 때문입니다. 소개팅을 시켜줌으로 당신을 자기편으로 확실하게 만들 수 있으며 업무적으로 일 시키고 부리기에 유리한 입장이 됩니다.

신입사원 입장에서 사수가 해주는 소개팅 거절은 거의 불가능하다고 봐야 합니다. 사수의 입장에서는 당신이 어떤 스타일을 좋아하는지 물어볼 필요도 없습니다. 소개팅이 잘되면 선배 탓, 잘 안되면 네 탓이 되기에 부담이 없습니다. 1시간 이상 커피 한 잔 간단히 하는 맘으로 최대한 매너 있게 만나보시길 바랍니다. 직장인 소개팅으로 연습한다고 생각하고 멋지게 하고 나가시면 됩니다.

마음에 들더라도 장기적인 안목으로 사귈지를 생각하고 들이대는 게 좋습니다. 주선자가 직장상사라는 것을 잊지 말아야 합니다. 회사 내에서 당신의 연애 문제로 곤란해져서는 안 되기 때문입니다. 또한, 선배의 성향이 어떤지 파악이 안 된 상황이라면 더욱 주의해야 합니다. 마음에 들지 않더라도 최대한 매너 있는 행동으로 그녀와 즐거운 시간을 보내도록 하십시오.

추후 당신의 매너가 문제되는 경우가 생길 수도 있습니다.

이때 소개팅을 주선하는 선배와 소개팅 여성과의 관계를 먼저 나서서 물어보기가 어렵기 때문에 마음을 비우고 편하게 나가보라는 것입니다. 직장 선배가 직접적으로 아는 사람이고 소개팅 여성에 대해 상세한 설명이 곁들여진다면 만나볼 만합니다. 하지만 직장 선배와 소개팅 여성이 서로 얼굴 한번 본적 없는 사이(직장선배의 부인 또는 선배 여자친구의 친구라거나 아는 사람의 소개)라면 무언가의 부탁이나 대가성 주선일 수도 있습니다. 또한, 직장 선배가 솔로인데 소개팅을 해주는 것은 조금 이상하다고 봐야 합니다. 요즘은 선배가 소개팅해 주고 나서 어떠했는지 피드백을 받거나 물어보는 사람은 잘 없습니다. 하지만 짓궂은 사람은 어디든 있고, 꿋꿋하게 물어보는 사람도 있을 수 있으니 소개팅은 만남에 목적을 두시길 바랍니다.

> **TIP** 직장선배의 소개팅은 거절하지 말고,
> 마음을 비우고 임해라!

RULE 10 : 연애썸남

———

직장인 썸의 정의, 썸 타기가 어려운 이유!

직장인 썸이란, 학생 때와 전혀 다르며, 아래의 5가지 사항이 포함되어야 합니다.

첫째, 언제든지 편하게 전화할 수 있는 사이여야 합니다.

둘째, 겉으로는 서로 호감을 표현하지 않은 관계입니다.

셋째, 한 사람은 서로가 사귈 거라고 생각도 못하지만, 연인이 될 수 있는 사이입니다.

넷째, '상대가 자신에게 호감이 있는 게 아닐까?' 라고 생각합니다.

다섯째, 상대가 먼저 나한테 확실한 호감 표현을 해줬으면 합니다.

이런 관계를 만들 수 있는 여유가 없기에 직장인은 썸 관계가 어렵습니다. 학창시절 후배라고 해도 언제든지 전화를 할 이유나 핑계도 없고, 고작 거래처 직원이나 직장 동료 정도이지만 이마저도 편하게 연락하기 어렵습니다. 혹시나 알려지기라도 하면 불편한 관계가 될 수 있기에 썸 관계는 생각하지도 못합니다. 그나마 직장인이 이성을 만나기 가장 쉬운 소개팅이나 단체미팅은 '사귈 수 있는 사이를 만들 수 있다는 것을 전제로 합니다.

　남성분이 호감을 겉으로 나타내고, 적극적으로 전달해야 다음 만남이 이루어집니다. 이때, 여성분이 자신한테 호감이 있다는 것을 알고 있기에 소개팅 여성, 미팅 여성과 메시지를 주고받는 것은 썸이 아니랍니다. 단순히 메시지를 주고받고 있으니까 호감있는 걸로 착각하여, 밀당을 하면 안됩니다. 학창시절에는 모든 여학우들과의 관계가 썸이라고 볼 수 있습니다. 과제를 물어볼 수 있고, 전화도 하고, 함께 공부하며 밥도 먹고, 영화 보고 커피 마시며, 술자리를 함께해도 전혀 이상하지 않습니다.

　다른 사람에게는 그러지 않는데 나한테만 특별하다고 정의 내려 버립니다. 바라보는 눈빛, 말투, 집에 데려다 주기, 문자 및 메시지의 뉘앙스나 내용, 이모티콘 등등, 별의 별 것을 다 매개체로 '썸이냐 아니냐'를 논합니다. 하지만 직장인은 연인도 아닌 사이에서 이런 것들을 하기가 어렵습니다.

> **TIP** 이제 '썸' 타령은 그만! 용기 내서 고백해보자! "

2장
직장녀가 사귀고 싶은 남자

———

여자 마음 이해하기

RULE 01 : 스타일 좋은 남자

———

조금만 가꾸어도 사랑받을 수 있다!

누구나 자신이 가장 멋있던 시절이 있었겠지만, 사회인이 됨과 동시에 패션 테러리스트가 되는 분들이 많습니다. 출근할 때는 교복처럼 요일별로 입고 나가거나 아예 작업복처럼 색깔을 맞춘 옷을 입고 다니라는 회사도 많습니다. 또한, 사회인으로서 경제 활동을 함과 동시에 돈은 벌지만 먹고 사는 것 외에도 나가는 돈은 왜 그렇게 많은지, 패션에 신경 쓸 겨를이 없어집니다.

스타일만 바꾸어도 여자들이 당신을 바라보는 시각은 완전히 달라집니다. '과연 내가 멋진 옷을 입는다고 이성이 그걸 알아줄까요?'라고 의구심을 가지는 분들이 많아 답을 드리겠습니다.

남성이 코트를 입고 있는 여성의 몸매가 어떤지 알아보듯이, 직장인 여성이라면 사지 않더라도 아이 쇼핑을 하고, 명품인지 아닌지, 유행하는 아이템인지 늘 패션과 스타일에 관심이 많아 지나가는 여성이 예쁜 옷을 입었거나 값비싼 가방을 들었다면 유심히 살펴보고 어떤 브랜드 제품인지 단번에 맞추어 버립니다. 그런 여성에게 당신이 머리끝부터 발끝까지 갖추고 있는 제품의 가격이 어느 정도인지 아는 건 식은 죽 먹기 입니다.

직장인 여성이 소개팅에 나간다고 하면 자신이 가지고 있는 의상 중 가장 좋은 옷을 입고 치장하는 데 비해 직장인 남성은 심각할 정도로 신경을 쓰지 않고 나가는 분들이 많습니다. 학창시절에는 남자들끼리 '함께 다니기에 부끄럽지 않을 정도의 외모라면 만난다'는 이야기를 우스갯소리로 하기도 했습니다. 반대로 직장인 여성은 패션 감각 없는 남성과의 만남을 꺼리기도 합니다.

이제 직장인들은 백화점 남성복 매장에 가야 합니다. 사회적인 지위와 이성에게 좋은 모습을 보이기 위해서라도 약간의 투자가 필요한 때입니다. 군인이 전쟁터에 나갈 때 좋은 무기를 가지고 나가면 유리하듯이 소개팅이나 연애를 하러 가는 데 좋은 옷을 입고 나가면 만남으로 이어질 가능성이 높아지는 것은 당연합니다. 누군가는 멋진 옷을 사서 입고 있습니다. 이미 멋쟁이 남성들과 싱글이 아닌 남성은 이미 남성복 매장을 애용하고 있습니다. 백화점이라는 곳이 익숙하지 않고 두렵기도 하며, 자주 발길이 닿는 곳이 아니더라도 몇 가지 아이템 정도의 소개팅 의상을 구비해 두고 가지고 있는 옷과 잘 매치시키면 누구나 멋쟁이가 될 수 있습니다.

여성이 치장하고 예쁘게 옷을 입고 나오면 호감을 느끼듯이 소개팅이라는 전쟁터에 나가기 전에 좋은 무기부터 갖추고 나가야 승리할 수 있습니다.

TIP   옷은 날개가 맞습니다.

───

여자는 누구나 '새침한 왕비 콤플렉스'를 가지고 있다!

백설공주를 예로 들어볼까요?

무려 일곱 명이나 되는 난쟁이들의 인기를 독차지하고, 지상에서 가장 멋지고 잘생겼다는 백마 탄 왕자님을 기다리는 백설공주와 그녀의 외모를 질투하고 시기하는 새침한 왕비 가운데 여성들은 어떤 유형에 가까울까요?

답을 백설공주라고 생각했다면 당신은 연애 하수입니다.

여자란 본디 현실과 주제 파악이 빨라서 자신의 외모가 백설공주가 아니라는 것도 알고 있고, 현실적으로 백마 탄 왕자 따위를 기대하지도 않습니다. 다만, 여왕이 되고 싶어 하고 내 말 잘 듣는 신하, 남자친구라는 집사 한 명만을 필요로 합니다. 이유는 간단합니다. 한 남자만의 사랑을 가득 받고 싶어 하는 본성 때문이랍니다.

잘생긴 왕자님은 함께 길거리를 돌아다닐 때 뿌듯하고 브랜드 가치는 있을지 모르지만, 다른 여자의 유혹에 흔들리거나 바람기가 있을 수 있어 여자에게 불안감을 줍니다. 예쁜 여자와 못생긴 남자 커플은 봤어도 못생긴 여자와 잘생긴 남자 커플은 보기 힘든 이유이기도 합니다. 여성은 새침하기로도 끝판 대장입니다. 자기가 하고도 아니한 척, 알고 있으면서도 모른체 합니다. 더 재미있는 사실은 자기의 마음을 자기도 모를 때가 있습니다.

이러한 것들을 집사인 남자친구는 알아내야만 합니다(왕자님은 알아낼 필요도 없고 알지 못합니다). 여자 친구가 잘못한 일이 있거나 거짓말을 하더라도 끝까지 들어주어야 하며, 내편이어야만 하고 뒷수습까지 해야 합니다.

'남자는 자신을 인정해주는 사람에게 목숨을 바치고, 여자는 자신이 사랑하는 사람을 위해 오늘 밤 화장을 고친다'고 했습니다. 남자가 일을 하는데 있어 인정받고 싶다면 합리적이고 스마트한 남성이 되기 위해 노력하면 됩니다. 하지만 여자에게 사랑받고 싶고, 연애하길 원한다면 남자와는 생각하는 것부터가 전혀 다른 여자의 마음속에 들어가 보려는 노력을 하셔야 합니다.

여자들은 대부분 자신만을 진심으로 사랑해주고, 말 잘 듣는 집사 같은 남자에게 마음을 빼앗겨 보고 싶다는 '새침한 왕비 콤플렉스'를 가지고 있습니다.

> **TIP** 여자의 마음을 알아주는 집사 같은 남자친구가 되어보자!

RULE 03 : 스펙 좋은 남자

서류전형에 통과해야 2차 면접을 볼 수 있다!

직장인이 되기 위해 여러분들이 원하는 회사에 입사 지원서를 넣었듯이 직장인들은 연애할 때도 지원서를 작성하여 원하는 여성에게 제출하여야 하며, 1차 서류전형에 통과해야지만 2차 면접을 볼 수 있습니다. 남성들이 여성의 외모와 나이를 논하듯이 여성들이 남자의 스펙을 가지고 얘기하는 건 어떻게 보면 당연한 거일 수 있습니다.

어디까지나 절대적인 기준이 될 수 없지만, 객관적으로 바로 확인이 가능한 부분이기에 흔히 여성 직장인들이 얘기하는 빼놓을 수 없는 소개팅의 외적 요소인 남자의 학력과 직장, 직업 등을 볼 수 밖에 없습니다.

입사 지원 시 공채의 기준이 평균적으로 학창시절에 전 과목 B0 이상, 학점이 3.0, 토익 700점 정도가 되어야 최소한의 지원 자격이 될 수 있을 겁니다.

그렇다면 직장인 여성이 원하는 직장남 스펙의 기준은 어느 정도일까요?

이왕이면 4년제 대학을 졸업하고 키는 크면 클수록 좋을 테고, 나이는 3~4살 정도 차이, 이름은 들어본 회사에 다녔으면 좋겠다는 생각을 합니다. 이 스펙을 고루 갖추고 있으면 좋고 아니면 하나라도 뛰어난 다른 장기가 있어서 서류통과를 하셔야 직장인 여성분과의 만남 자체가 진행됩니다.

그럼 이 기준에 포함되지 못하는 사람들은 연애도 못할까요? 실망하지 맙시다!

학교와 회사는 공채전형만 있는 게 아닙니다. 요즘은 결혼정보회사, 소개팅 회사, 소셜 데이팅, 지인 주선 등과 같이 특별전형과 입학사정관제, 학생부 종합전형, 특기자전형, 기부입학제, 낙하산 전형, 공모전 수상 등으로 서류전형을 가볍게 패스할 수도 있기 때문입니다. 서류전형을 통과하면 인적성 검사(당신의 성격 및 성향)와 동시에 면접(외적 이미지와 매너, 에티켓, 가치관)을 봐야 하므로 미리 사전에 기출문제(비슷한 유형의 이성)를 풀고 철저하게 면접(소개팅 전략)을 준비하여 연애 성공이라는 합격통지서를 받도록 노력해봅시다.

> **TIP** 서류 합격이 우선, 방법은 많다!

RULE 04 : 남자다운 남자

여자는 현명한 상남자를 좋아한다!

남자다운 남자, 상남자 열풍입니다. 여자들은 남자다운 남자를 좋아합니다. 그렇다면 남자다운 것은 무엇일까요? 조각 같은 몸매를 가지고 있는 남자는 아닐 것입니다. 우선, 진화론적으로 접근해 보면 여자를 보호하고, 책임져 줄 수 있는 즉, 생계를 해결해 줄 수 있는 수컷으로서의 역할을 말합니다. 요즘 트렌드처럼 온실 속 남자들이 많습니다. 부모님의 영향을 많이 받은 경우, 마마보이 같으며 우유부단해서 결정을 내리지 못하고, 조그마한 일에도 큰일 난 것처럼 호들갑을 떨고, 유난히 깔끔한척하는 남자들이 상남자의 반대 개념이라고 보면 됩니다. 누가 지적이라도 하면 자신은 절대 아니라고 하며, 펄쩍 뛰는데 자신만 모르고 있는 경우가 많습니다.

하나의 예로 자신은 어리고 섹시한 여자면 되는데 어머니가 정교사만 된다고 합니다. 그래서 자신도 교사를 좋아해 보려고 노력하며, 타협점으로 어리고 섹시한 정교사를 찾다 보니 힘든 것이랍니다. 요즘은 연애에서도 좋은 게 좋은 거라고 어머니가 허락해야 되며, 거절할 때도 "어머니가 싫어하실 거 같습니다"라고 핑계를 대는 남자가 많습니다.

상남자란 남들에게 의지하는 것이 아닌 자신의 주관으로 문제 해결력을 갖춘 삶의 가치관과 비전이 뚜렷한 남자를 말할 것입니다. 상남자의 개념을 잘못 알고, 괜히 센 척, 시크한 척, 허세부리다가 차이는 일이 없길 바랍니다.

그럼, 어떤 모습을 보여줘야 여자가 믿고 의지할 수 있는 남자다움을 느끼게 될까요?

쉬운 예로 함께 들어간 음식점에 사람이 너무 많아 다른 곳으로 가야 하는 돌발상황에 "이 음식은 다음에 제가 꼭 사드릴게요(다음에 또 만날 기회까지 만들었다)", 대신 근처에 맛있게 하는 태국음식점이 있다면서 안내하며 의연하게 대처하는 모습을 보여 줍니다.

때로는 단호한 현명함도 필요합니다. 잘못된 말과 행동을 보일 때는 편을 들어 주는 것이 능사가 아니라 돌려서 얘기하되 단호하게 안 되는 건 안 된다고 이끌어 줄 필요도 있습니다. 하나의 예로 그녀가 세미나에서 발표하기로 한 장소로 운전을 하고 가는 중이었습니다. 둘이 함께 가는 도중 차가 너무 막히자 근처 지하철역에서 과감히 내리라고 했습니다. 잠시 서운한 생각이 들 수도 있지만, 그녀가 정시에 도착해서 발표를 무사히 마치는 편이 더욱 현명하다고 판단했습니다. 그날 밤 모든 게 오빠 덕분이라며, 호텔 레스토랑에서 비싼 저녁을 샀고 이후 그녀는 어려운 결정을 내릴 때마다 조언을 구했고, 마음을 열며 의지하기 시작했습니다. 이러한 결단 있는 모습을 보여준다면 당신을 믿고 신뢰하게 될 것입니다.

TIP 때로는 이성적인 결단이 필요하다!

RULE 05 : 리드해주는 남자

데이트 시 양자택일로 질문하고,
선택은 남자가 해라!

여자가 싫어하는 남자 중 하나가 우유부단한 남자라고 합니다. 요즘은 결정 장애가 유행처럼 번지기 때문에 선택과 결정을 못 하는 남자는 좋아하지 않습니다. 남자는 사실 간만에 마음에 드는 여자를 만나서 데이트 준비를 하고, 원하는 건 다 해주고 싶은 마음에 이것저것 물어보는 것이지만 여자에게는 그렇게 들리지 않는 것이 함정입니다. 데이트할 때 "좋아하는 음식이 뭐예요?"와 "어떤 음식 드실래요?"를 반드시 구별합시다. 전자는 여자의 취향을 물어본 것이고, 후자는 데이트 시 반드시 결정해야 하는 사항입니다.

좋아하는 음식에 대한 질문에 답을 하면 기억해두면 되는데 데이트하는 상황에서 "어떤 음식 드실래요?"라고 물어볼 경우 여성은 '말하면 찾아서 다 사줄 건가?', '근처 음식점 다 알고 있나?', '준비 안 해왔나?'라고 생각합니다. 여자분 입에서 "아무거나", "다 잘 먹어요"라고 답이 나오면, 준비 안 된 남자, 연애 하수입니다. 음식을 막연히 장황하게 늘어놓거나 선택을 못 하고 있으면 우유부단한 느낌을 주며, 기대고 싶지 않은 남자가 되어 버립니다.

음식점(영화도 마찬가지) 선택의 경우, 양자택일로 물어보는 것이 여성분의 선택에 도움을 줍니다. "근처에 베트남 요리와 유명한 피자 가게가 있는데 어떤 것을 드실래요?"라고 물어보면 본인의 주관이 들어가고 준비를 한 것 같아 보입니다.

이때 여자가 선택을 하면 역시, "저도 그 음식이 조금 더 끌렸는데, 통했네요"라고 맞장구치면서 자연스레 이동하면 됩니다. 여성분이 "드시고 싶으신 걸로 드세요", "전 아무거나 괜찮아요"라고 대답하면 본인이 선택하면 됩니다. 그래도 "원하는 걸로 선택해보세요"라고 자꾸 물어보면 짜증 납니다. 과감하게 선택하시길 바랍니다. 그래도 불안하면 "괜찮으시죠?" 한마디 물어봐 주면 됩니다. 만약 그 외에 다른 대답이 나오면 여성에게 맡기길 바랍니다. 근처를 알고 있어 진짜로 먹고 싶은 음식이 있거나 아니면 당신이 마음에 들지 않은 것입니다.

여성은 리드해주는 남성에게 기대고 싶고, 나를 맡기고 싶어 합니다. 음식은 진짜 맛없지 않으면 괜찮습니다. 오히려 음식점의 분위기가 더 중요합니다. 여자가 판단하는 건 당신이 어떤 음식점으로 데려가는가 하는 주도적인 모습과 입구에서 기다리는 동안, 음식이 나올 때 종업원들을 대하는 태도 등을 종합적으로 하나하나 관찰합니다.

그러니 선택권을 여성에게 주어 우왕좌왕 하거나 우유부단한 것 같은 이미지를 심어주는 편보다 본인의 의지대로 선택하고 리드하는 편이 낫습니다.

TIP 데이트에서 선택은 남자가 하는 걸로!

친오빠 같은 첫째 타입이 좋다!

TV 쇼 프로그램에 출연하는 세쌍둥이 중 첫째인 대한이는 동생인 민국이, 만세보다 늘 진지하면서도 듬직합니다. 보고 있노라면 역시 첫째 아이는 다르다는 생각이 듭니다.

첫째 타입은 단순히 나이가 많아서, 형제 중 맏이라서가 아니라 '여자가 친오빠처럼 믿고 따를 수 있는 진정성'이 있기 때문입니다. 소개팅을 하고 사귀기 전까지 매 순간 진정성이 있는 남자는 실제로 사귀게 될 확률이 높습니다. 요즘 카카오톡으로 사귀자고 하거나 일방적으로 통보하듯 고백하는 남자도 많은데 입장 바꾸어 여성이 어떻게 생각할까요? 이 남자와 사귀고 싶을까요?

직장인 남성의 진정성이 얼마나 여성들에게 중요하냐면 진정성이 있는 남자의 모습은 장난을 치고 연기라고 할지라도 여성분이 진심으로 나를 좋아한다고 믿게 됩니다. 흔히 카사노바라고 하면 여자를 잘 유혹하는 바람둥이라고 생각하기 쉽지만, 그에게는 진정성이 가장 강한 무기였습니다. 여성을 좋아하는 마음이 진심이라고 할지라도 말과 행동의 표현에 진정성이 느껴지지 않으면 여성분은 당신의 마음에 의심을 품게 됩니다. 진정성에 대하여 쉬운 예를 들자면 학창시절 때 이런 경험이 한 번쯤 있을 겁니다. 남성분 중에는 좋아하는 마음을 고백할 때 거절당할까 봐 무턱대고 "나랑 사귈래?"라고 해 놓고 싫다거나 손사레를 치면 괜히 "장난이었어"라고 말했던 경험이 있습니다.

여성분은 이런 남자에게 진정성이 없다고 판단하며 자신을 진심으로 좋아한다고 생각하지 않습니다. 남성분은 용기를 내었고 끙끙 앓으며 진짜 여성분을 좋아했지만, 진정성이 결여되어 결국 그녀의 옆에 다른 남자가 생기고 나서야 땅을 치고 후회합니다. 어리광부리고, 장난이 심한 남자, 미래에 대한 준비나 비전이 없는 남자, 여자의 입장은 고려치 않은 채 성관계를 갖자고 조르는 남자는 가벼워 보인다는 겁니다. 직장인 여성들은 이런 남자에게 나를 맡길 수 없다는 결론이 나오는 거랍니다.

호랑이는 토끼 한 마리를 사냥할 때도 전력을 다 한다고 합니다. 소개팅에서 다음이란 없습니다. 마음에 드는 이성이 있다면 진심을 다해 최선을 다하는 모습을 보여주어야 합니다. 내 마음이 그녀에게 잘 전달되게 하는 것도 능력입니다. 가볍지 않고 무게감 있게 잘 전달될 수 있는 진정성을 길러야겠습니다.

TIP 고백할 때는 진정성 있게!

RULE 07 : 존경할 수 있는 남자

―

당신은 지적, 교양상식이 있는 남자인가!

커플매니저로 많은 여성들과 상담 또는 인터뷰를 나누면서 "어떤 남자를 만나고 싶으세요?"라고 물어보면 십중팔구는 "제가 존경할 수 있는 남자요"라고 대답합니다. 그렇다면 여자가 '존경할 수 있는 남자'란 어떤 남자일까?

배움의 지식과 다양한 경험을 통한 지혜를 갖추어 이 힘든 세상에서 어떻게든 살아남을 수 있는 능력과 정신적으로 즐겁게 리드해 줄 수 있는 교양과 상식을 갖춘 남자입니다. 학벌이나 학력이 높으면 배움의 지식이 많은 것처럼 보이는 것도 사실입니다. 여성은 자식을 위해서라도 자신이 존경할 수 없다고 생각이 들면 선택하지 않는 것이 일반적입니다. 중, 고등학교 급훈 중에 '대학교가 바뀌면 아내가 바뀐다'라는 말을 지금에서야 통감합니다. 스펙이 좋지 않다고 해서 반등의 기회가 없는 것은 아니고, 스펙이 좋다고 해서 지혜가 있는 것은 아닙니다.

평소 사람 사이에 대화가 통하지 않는 까닭은 서로 간의 배움과 보고 듣는 환경이 다르기 때문인데 이로 인해 수준 차이가 나게 됩니다. 대화를 해보면 어휘력이나 언어구사 및 언어유희를 통해 바로 알 수 있습니다. 한마디로 여성분 입장에서 남자가 무식, 무지하면 만나기 싫다는 것입니다. 존경받는 남자가 되기 위해서는 우선 지적·교양 수준을 끌어올려야 합니다. 이 부분은 하루 아침에 완성되지 않기 때문에 여성들은 높은 점수를 부여하게 됩니다.

유재석 씨는 전문대 중퇴, 김제동 씨는 전문대를 11년간 다녔지만, 대중들은 지적인 이미지로 바라봅니다. 그 이유는 다양한 경험과 함께 평소에 신문, 독서를 통해 지적·교양 수준을 차근차근 끌어올렸기에 때문에 지금의 이미지가 만들어진 것입니다. 그러니 학별이 좋지 않다고, 학력이 낮다고 해서 실망 하실 필요는 없습니다.

연애만 생각하는 여성이라면 당신이 좋아하는 스포츠를 함께하고 게임도 같이할 수 있습니다. 하지만 연애의 끝인 결혼을 생각하는 직장인 여성이라면 누구나 존경할 수 있는 남자를 찾게 됩니다.

교양은 알아두어서 나쁠 것 하나도 없고 살아가면서 도움이 많이 됩니다. 지금부터 조금씩이라도 독서 습관도 들이고, 세상 돌아가는 뉴스도 보며 가끔은 일탈하는 마음으로 평소에 잘 듣지 않는 클래식도 몇 곡 반복해서 들어봅시다.

> **TIP** 뮤지컬을 보여주는 남자보다 뮤지컬을 아는 남자가 되어보자!

RULE 08 : 다정다감한 남자

—

백허그하고 싶은 남자가 되라!

여자의 모성애를 자극할 수만 있다면, 그녀를 내 여자로 만드는 일은 쉬울 수도 있습니다. 연애에서 모성애란 여성이 남성을 안아주고 싶은 본능적인 감정이랍니다.

모성애를 사전적으로 받아들여 어리광을 부리다가 부작용으로 거절당하는 남자들을 수 없이 봐왔습니다. 사귀기도 전에 애교나 유치한 모습을 보이면 좋지 않은 결과가 나올 수 있습니다. 특히, 술 먹고 취한 척 기대려고 하거나 전화해서 취중진담이랍시고 혀가 꼬인 소리를 하다가는 앞으로 그녀와의 연락은 더 이상 닿지 않을 수 있습니다.

남자들은 어떻게 여자에게 모성애를 끌어낼 수 있을까요?

남자인 내가 너를 보호할 수 있다는 '믿음과 신뢰를 준 상태'를 전제로 다정다감한 모습을 보여주어야 모성애를 자극할 수 있습니다. 가장 쉬운 방법으로는 고백할 때 모성애에 결정적인 한 방을 어필할 수 있습니다. 평소 현실에서는 자상하고 능력 있는 완벽해 보이는 모습으로 '믿음과 신뢰'를 준 상태에서 연애에서만 살짝 빈틈을 보여주면 됩니다. 내가 너를 정말 좋아하기 때문에 긴장되고 설레고 떨린다는 마음이 잘 전달되어야 합니다. '너를 좋아해도 될까?', '오랫동안 솔로여서 조금 서투를지도 몰라…', '정말 고민 많이 했는데 잊어보려고도 해봤지만 그게 마음대로 안 되네, 꼭 너였으면 좋겠어', '당신의 사랑이 나를 구할 수 있어!'라고 생각하게 만들어야 합니다. 그래야 '이 남자 정말 나를 좋아하네, 나의 사랑을 필요로 하구나'라고 모성애가 발동할 수 있습니다.

이는 여성분에게 '너와 나의 연애를 통해 나의 부족함을 채워달라'라고 어필하는 것입니다. 이때 주의하셔야 할 사항은 '내 현실이 못나서 부족한 게 아니라는 것!'을 알아야 합니다. 자칫 미덥지 못하게 보일 수 있습니다.

잘 되지 않는다면 떨림과 설레는 척 연기를 해도 좋습니다. 머뭇대며 말해도 좋습니다. 여성의 입장에서 볼 때 나에게 최선을 다하겠다며 떨면서 긴장하는 이 남자를 꼭 안아주고 싶습니다. 연애가 시작되면 가끔씩 빈틈을 보여주어 그녀로부터 백허그를 받는 남자가 되어봅시다.

> **TIP** 연애 시작 전에는 살짝 빈틈을 보여 떨리고 긴장됨을 전달해주자!

RULE 09 : 매너 있는 남자

———

보이지 않는 곳에서 넛지매너를 가하자!

매너 있는 남자를 싫어하는 여자는 세상에 아무도 없습니다. 진짜 매너 있는 남자는 말이 아니라 행동으로 자연스레 보이는 것을 말합니다.

매너 있는 남자란 평소 만인에게 베풀 줄 아는 예의와 공중도덕이 함께 겸비된 남자를 말하는 것으로 우리가 유재석에 열광하는 이유이기도 합니다. 본인이 좋아하는 이성에게만 잘하는 것은 오버 행동이나 멋있는 척이 되어버리기에 진짜 매너가 아닌 것이 곧 티가 나게 됩니다.

매너남이 되기 위한 방법으로 첫 단계는 음식점에서 창가나 안쪽은 여자, 계단을 오를 때 남자가 앞으로, 길에서 차도와 가까운 쪽은 남자가 걷는 것을 기본으로 하는 것은 알고 있을 겁니다. 하지만 실제 상황에서는 음식점에서 쿠션이 편한 쪽이 여자, 에스컬레이터에서 키를 맞추기 위해 여자를 한 칸 앞에 서게 하고, 사람이 많아 번잡한 곳은 여자가 차도 쪽이어야 부딪히지 않습니다.

보이지 않는 곳에서 자연스럽게 '넛지매너'를 가해 봅시다. 넛지는 팔꿈치로 살짝 터치하듯이 눌러주는 것으로 '넛지매너'란 상대가 느끼지 못할 정도의 자연스러운 작은 배려입니다. 자연스럽게 되지 않는 분은 매너 있는 행동을 하실 때 여성분과 눈을 마주치지 말고, 시선을 딴 곳으로 아무렇지도 않게 늘 하는 행동인 것처럼 하시면 효과를 보실 수 있습니다. 모든 사람에게 친절하여 매너 있는 사람으로 보이도록 합시다.

백화점이나 가게에서 나가고 들어올 때 뒷사람을 위해 나가면서 문 잡아주기, 엘리베이터에서 내릴 때 열림 버튼 누르고 있기, 서빙하는 분이 음식 등을 가져다주면 "감사합니다" 인사하기, 줄을 서서 셀프로 주문하는 경우에 시간이 조금 걸린다 싶으면 뒷사람에게, "저희가 시간이 많이 걸려서 죄송합니다"라고 간단히 얘기해줍니다.

마음이 있는 이성에게 조금 더 적극적으로 매너 있는 모습을 보이고자 한다면, 지하철과 같이 타고, 내리거나 복잡한 곳에서 매너 손(주먹 쥐고)으로 그녀의 팔을 살짝 당겨주면서 자기 쪽으로 보호하기, 어두운 극장에 들어서거나 사람이 많은 혼잡한 곳에서 길이 어긋나 보이면 팔을 잡아 살짝 자신 쪽으로 끌어당기기, 좁은 곳을 지나거나 자전거가 지나칠 때 자신의 가방이나 손으로 보호해주면서 길 터주기, 커피전문점에서 커피를 받아오고, 나갈 때 뒷정리하기 등이 될 것입니다. 여자가 매너 있는 남자를 좋아하는 이유는 멋있어 보여서가 아니라 어떤 상황에서도 나를 지켜주고 위해주며, 배려해줄 수 있기 때문이라고 합니다.

TIP 오늘부터 실생활의 모든 상황에서 매너남이 되자!

RULE 10 : 용서가 안 되는 남자

———

아저씨 같은 남자는 되지 말자!

어느 날 당신에게, 꼬마 아이(10세 이하 정도)가 다가와 "삼촌(아저씨)"이라고 말하거나 꼬마의 어머니로 보이는 사람이 "저기 삼촌(아저씨)한테 얘기해"라고 한다면, 안타깝지만 당신은 이제 아저씨 대열에 들어선 것입니다.

당신이 아직 짝을 만나지 못한 직장인 싱글남이라서 이성에게 잘 보이고 싶다면, 인생에서 마지막으로 한번만 노력해 본다는 각오로 5가지 사항을 점검해 봅시다.

첫째, 배가 나왔는가?

소변을 볼 때 발가락이 잘 보이지 않는다면, 당장 오늘부터 저녁은 굶고, 운동장을 뛰세요. 앞으로가 아닌 타이어 뱃살은 잘 빠지지 않는다고 합니다. 연애 전이라면 식단 조절과 운동으로 빼야지, 어쩔 수 없습니다. 다만, 연애 후에는 뱃살도 사랑스러워 보입니다.

둘째, 패션이 교복화 되어 있는가?

주말에 데이트를 하러 나가는데 입을 옷이 없다면 소개팅 의상을 구비 합시다. 스타일에 대해서는 다음 장을 보시길 바랍니다.

셋째, 탈모가 진행되었는가?

세상의 많은 남자들의 최대 고민 중 하나입니다. 머리가 힐끗 보일 때까지 방치해서 돌이킬 수 없기 전에 피부과에 가서 약을 먹고 일주일에 한 번 두피 치료를 받는 것이 좋습니다.

넷째, 술은 일주일에 2번 이상 마시거나 담배를 피우는가?

굳이 둘 중 하나를 한다면 담배는 끊도록 하고, 술은 줄이도록 노력합시다. 술은 성욕을 6배 증가시키지만, 정력은 6배 감퇴시킨다는 연구결과가 있습니다.

다섯째, 당신의 피부가 예전보다 많이 어두워졌거나 까매지고, 찌들어서 푸석거리는가?

남자는 화장을 하지 않기에 피부가 갑자기 상하거나 주름이 많아지지 않아 본인이 잘 모를 수 있으니, 오랜만에 만나는 주위 이성에게 확인해보도록 합시다. 스트레스와 술, 담배로 인해 당신의 간 상태가 좋지 않을 수 있으니 영양가 있는 음식과 충분한 휴식도 필요합니다.

당신은 위의 5가지 질문에서 얼마나 자유로울 수 있습니까?

물론 직장인 남성으로서 정말 힘들다는 사실을 잘 알고 있습니다. 하지만 잘 나가는 남성들은 꽤나 자기관리를 잘하고 있습니다. 저는 "있는 그대로의 모습을 좋아해 주는 사람과 사귈 겁니다"라고 한다면 만날 확률이 희박해서 그렇지 있기야 할 것입니다. 다만 얼굴 예쁘고 몸매 좋은 여자 타령은 하지 말길 바랍니다.

TIP 내가 만나고 싶은 이성의 모습이 되도록 하자!

성공적인 연애를 위한 외적 요소
UP 시키기

RULE 01 : 패션 ①

남자 직장인 소개팅 의상 고르는 법!

학창시절에는 흔히 보세라고 일컫는 스트리트 패션, 패스트 패션도 멋스럽고 잘 어울릴 수 있습니다. 하지만 최신 유행패션이나 키가 크고 날씬한 체형의 남자 연예인을 흉내 내다가는 낭패를 보기 쉽습니다. 한때 남자도 스키니 바지가 유행해서 많은 사람들을 불편하게 했고 두꺼운 니트 소재는 덩치가 있는 분이 입으면 마치 럭비 하는 사람처럼 보일 수 있고 카디건은 늘어나거나 길이가 맞지 않으면 저렴한 느낌을 줄 수 있어 피하는 게 좋습니다.

요즘 유행한다고 해서 '슬랙스' 바지를 입고, 바지 밑단을 '롤업'해서 '단화'를 신으면 다리도 짧아 보이며 '로퍼'는 양말을 신지 않고 신어 발등이 드러나기에 자칫 소개팅 의상으로는 매너없어 보일 수 있습니다.

흔히 잘 알고 있는 세미 정장이나 캐주얼 정장도 저렴한 보세를 입으면 폼이 나지 않습니다. 그나마 신경 쓴다는 남자들의 소개팅 패션은 크게 3가지로 나누어집니다.

첫째, 인터넷 또는 SPA 브랜드의 최신패션(옷의 소재가 저렴한 것은 어쩔 수 없습니다)

둘째, 백화점인데 캐주얼, 말이나 마차 달린 브랜드(중고생들도 입고 다니는데)

셋째, 졸업식이나 회사 면접 때 입었던 정장(더는 말하지 않겠습니다)

남자 직장인의 소개팅 의상을 사기 위해 백화점 남성매장에 간다면 중저가 브랜드로 가장 대중적인 '지오지아', 'T. I FOR MEN' (25~40만 원)은 봄, 가을 정장이나 재킷을 추천드리며 꽤 괜찮은 아이템(셔츠나 바지)을 획득하실 수 있습니다. 겨울 외투는 좋은 걸 사야 오래 입는데 'SIEG', 'MVIO', '갤럭시 캐주얼'(40~60만 원) 정도에서 구입하면 고급스러우면서 세련된 느낌까지 연출 할 수 있습니다. 여름에 멋스러운 셔츠를 장만하고 싶다면 DKNY(무난하고 고급스러움, 20만 원대), Theory(독특하고 럭셔리함, 30~50만 원)를 추천합니다.

여성에게 확실히 어필하고, 달라 보이고 싶다면 상여금이 나오는 달에는 할부까지 더해서 적극 투자한다면 3개의 브랜드를 추천할 수 있습니다. 드라마 '별에서 온 그대'에서 김수현, 박해진, 신성록이 입고 나오는 멋있는 의상들은 '타임', '솔리드', '시스템'이라는 제품입니다. 남성 최고의 브랜드 3총사라고 해서 '쓰리옴므'라고도 불리는데 정장이 한 벌 당 100만 원 전후로 만만치 않은 가격이지만 2벌만 가지고 있어도 당신은 패셔니스타가 될 것입니다. 남성의 체격도 어느 정도 커버하면서 확실히 태가 다르다는 것을 느낄 수 있습니다. 안에 아무거나 입기도 좋으며 한번 사면 오래 입을 수 있다는 장점도 있습니다. 소개팅 여성뿐만 아니라 당신 주위 반응도 달라지는 것을 느낄 것입니다.

TIP 소개팅 패션에 과감하게 투자해보자!

RULE 02 : 패션 ②

———

세미, 캐주얼 정장 선택 및 연출법!
(봄/가을)

　남성 직장인 소개팅 의상의 경우 출근할 때 입는 옷과는 조금 달라야 합니다. 평소 정장을 입고 출근하기 때문에 주말 소개팅이 잡히면 캐주얼을 입는다고 하시는 분이 많은데 중·고등학생도 입는 의상은 피하고 사귀고 나서 놀러 갈 때 얼마든지 입으시길 바랍니다. 직장인이라면 캐주얼도 남성복 매장의 멋스러운 것을 추천합니다.

　봄과 가을에 소개팅 잡히면 옷 입기가 가장 어렵습니다. 봄과 가을에는 이른바 세미 정장이나 캐주얼 정장을 입으면 되는데 연출을 못하시는 분들이 많아 간략히 설명하자면, 세미 정장은 한 벌의 정장에 넥타이를 매지 않는 것이고, 캐주얼 정장은 웃옷(재킷)을 기본으로 안에 매치해서 입는 옷이나 바지를 정장이 아닌 멋스럽고 편하게 입고 구두가 아닌 편한 신발로 바뀌는 것을 말합니다.

　드라마 '태양의 후예'에 나오는 송중기는 위아래로 같은 색 정장을 입고 티셔츠 한 장만 입고 있습니다. 봄가을 직장인 남성 소개팅 의상으로 좋습니다.

　초겨울이나 이른 봄의 꽤 추운 날씨에 무엇을 입고 나갈지 고민이라면 정장에 코트를 입되 웃옷만 걸치지 않는 것이 세미 정장이며, 넥타이를 하는 편이 멋스럽습니다.

요즘은 봄가을이 짧아진 영향도 있겠지만, 하늘색, 핑크 계통의 웃옷 또는 패스트 패션, SPA 브랜드의 웃옷(재킷)은 사지 않는 편이 낫습니다. 몇 번 입지도 않을 거라는 생각에 저렴한 브랜드 옷을 사다 보니 대학생들과도 많이 겹치고 조금 마른 체격에 뭘 입어도 어울리는 분이 아닌 이상 저렴한 티가 나는 것은 어쩔 수 없습니다.

웃옷을 중심으로 하는 캐주얼 정장을 선호하는 분이라면 출근할 때도 멋스럽게 입을 수 있는 웃옷을 괜찮은 걸로 하나 준비 하시고 바지는 빈폴이나 폴로 급도 괜찮고 안에 매치해서 입는 티셔츠도 개성 있는 것으로 멋스럽게 연출해보시길 바랍니다. 청바지는 피하고 양말은 반드시 발목까지 가려지게 신고 가급적 브라운 계열의 구두가 좋습니다.

초가을이나 늦은 봄의 경우, 웃옷을 입기 부담스럽다면 조금 두꺼운 긴 팔의 셔츠를 입고 나가되 소매를 예쁘게 걷으면 자신감이 있어 보입니다. 이때 너덜너덜 걷어 올리지 말되 꽤 괜찮은 브랜드의 긴 팔 셔츠가 좋습니다.

잘 다려진 빳빳한 긴 팔의 흰색셔츠에 어두운색 정장 바지만 입어도 은근히 좋아하는 여성분들이 많습니다. 여름 반 팔 흰색셔츠는 아저씨 같으니 피하시고, 속이 비친다면 안에 민소매 속옷은 반드시 입는 것이 좋습니다.

TIP 남자는 역시 수트 빨!

RULE 03 : 패션 ③

셔츠, 코트 선택 및 연출법!
(여름/겨울)

    여름과 겨울에는 춥지만, 소개팅을 하러 나가는 장소는 적정온도가 유지되는지라 실내외 온도 차가 많이 크다는 것을 염두에 두어야 합니다. 차가 있으면 그나마 다행이지만 대중교통을 이용하는 분이라면 고려해야 합니다.

    여름에는 청색 계통의 셔츠를 입는 게 신뢰감이 가는 색상이라 좋고 흰색 바지와 매치시키면 잘 어울립니다. 셔츠를 하나만 입는다면 앞에서 말씀드린 조금 가격은 있더라도 멋스러운 셔츠를 입고 나갈 것을 권장합니다. 셔츠는 안으로 넣어 주시는 게 좋은데 배가 많이 나오신 분이라도 셔츠를 밖으로 내지 말고 바지 안으로 넣되 벨트를 살짝 가릴 정도만큼 여유를 잡아주시면 좋습니다. 여름이라 덥다고 조리나 단화를 신고 가지 마시고, 구두를 신길 바랍니다. 여름에 운동을 많이 하셔서 셔츠에 팔뚝이며 가슴 근육 때문에 셔츠의 단추가 풀리지 않도록 오히려 더 단정하게 입는 게 좋습니다. 여성들은 부담스러운 큰 근육은 좋아하지 않을 수 있습니다.

    여름에 겨드랑이에 땀이 차서 흥건해지시는 분들은 커버할 수 있는 웃옷과 손수건 준비하시길 바랍니다. 요즘은 차량이나 가게마다 에어컨을 강하게 틀기 때문에 실내외 온도 차가 크기도 하며, 여성이 추워하거나 짧은 치마일 경우 가려 주는 용도로도 유용하게 이용하실 수 있습니다.

겨울에는 코트를 입는데 키가 큰 분들은 롱코트를 입으면 잘 어울리지만, 키가 작은 분들은 반코트를 입으시고, 엉덩이가 나온 분들은 2/3 정도 살짝 가려주는 정도여야 앉을 때 코트가 의자에 살짝 접히며 이를 커버해줍니다. 넥타이는 가급적이면 번쩍거리거나 화려한 실크 소재가 좋습니다. 그리고 넥타이핀도 있는 것이 좋습니다. 코트 단추는 정장 셔츠가 보일 정도로 단추 2개는 풀고 안에 정장을 입되 춥다고 조끼를 입으면 몸이 커져 통통해 보일 수 있으니 셔츠 안에 민소매 속옷 정도를 갖춰 입으면 되겠습니다.

목도리는 외투 색에 맞추시면 좋습니다. 검은색은 흰 털 또는 먼지가 묻어 관리가 어렵습니다. 목도리가 정장과 셔츠 입은 부분을 보온으로 커버해 주는 역할을 하고, 코트 밖으로 빼서 입으면 됩니다.

코트 입은 모습에 한 번, 실내에서 목도리를 벗는 순간 넥타이에 두 번, 코트까지 벗으면 매너 있게 차려입은 당신의 모습에 3단 콤보로 높은 점수를 줄 것입니다.

TIP 　제일 밖에 보여지는 웃옷은 좋은 것으로!

RULE 04 : 구두

키에 민감하고, 매너 있게 보이고 싶다면!

첫 만남, 첫 소개팅 자리에서 단화, 로퍼, 워커 등의 신발은 피하시길 바라며 가급적 구두를 신고 양말을 착용하시길 바랍니다. 구두를 강조하는 또 하나의 이유는 키가 170 초반 이하의 분이라면 키높이 구두(5cm 이상)를 신고 이성을 만나는 자리에 나가길 권합니다.

소개팅에 나오는 여성분은 자기가 가지고 있는 구두 중에 굽이 가장 높은 것으로 신고 나올 확률이 높습니다. 여성분들이 남자와의 소개팅 이후에 가장 많이 하는 얘기 중 하나가 "남자분의 키가 구두를 신었을 때 저랑 비슷하거나 더 작으셔서…"라고 말합니다. 나중에 키가 작은 것을 들키면 어떡할지 걱정이 앞서는 소심한 남자 분들. 당신이 반한 그녀도 여자의 자존심이라는 힐을 벗는 순간 난쟁이가 되며, 생각보다 굵은 다리에 깜짝 놀라지 않기를 바랍니다. 남자도 눈에 보이는 키가 중요합니다. 여성분들도 다 알고 있고 어차피 머리끝부터 발끝까지 재어 보는 거 아니니까 걱정 마시고 키높이 구두를 애용하길 바랍니다.

깔창은 운동화에 사용하는 것이 좋고 구두 밑에 넣으면 발이 끼여 묵직하고 많이 불편합니다. 구두는 금강제화는 20~25만 원대로 평범하고 무난한 디자인이 많고, 조금 더 투자한다면 MISOPE(25~30만 원 정도), TANDY(30만 원 이상) 매장도 들어가서 한번 신어본 후 선택하면 됩니다. 색상은 경조사에도 신을 수 있는 검정색, 멋 부릴 때 신을 수 있는 브라운 계열 두 켤레만 있어도 충분합니다. 조금 특이하고 좋아보여서 고른 신발이 악어가죽으로 만들어져 100만 원대가 넘어간다고 놀라지 마시길 바랍니다.

여성의 경우, T.P.O에 맞게 다양한 신발이 필요해서 한두 번 신으려고 저렴한 아이템으로 구매할 수도 있지만 남자는 한번 사놓으면 오래 신기 때문에 가급적이면 가격이 나가더라도 좋은 제품을 권장합니다.

구두의 상태도 중요한데 흙먼지로 뿌옇거나 구겨지고, 터져있는 상태도 많이들 신고 다닙니다. 마트에 가면 구두를 닦으면서 먼지까지 제거하는 도구를 팔고 있으며, 귀찮다면 조금만 일찍 서두르거나 하루 전날 구두 닦는 곳에 들러 3천 원 정도 투자하여 닦으면 됩니다.

여자는 당신의 신발을 보며 부지런함과 세심함, 자상함, 깔끔함을 생각합니다. 당신이 여성의 구두와 몸매를 힐끗 쳐다보듯이!

TIP 소개팅 패션의 완성은 구두!

벨트, 양말, 시계, 가방, 지갑 선택 및 활용법!

벨트는 생략하기도 하고 거추장스럽기도 하지만 반드시 해야 하는 이유가 있습니다. 남자 분들 오래 앉아 있다가 벨트의 버클 부분을 만지면 뜨거워져 있는 것을 느낄 겁니다.

단전에 기가 모이는 곳이고 이곳에 힘이 들어가 있어야 '이병헌' 씨처럼 공명으로 울리는 좋은 목소리를 내실 수 있습니다. 또한, 첫 소개팅이나 만남의 자리에서 식사하고 배가 불러오면 벨트가 불편하게 느껴져 과식하는 것도 방지해줍니다. 벨트를 산다면 명품 매장에 가서 브랜드 마크가 찍힌 버클을 구입하십시오. 가죽으로 구입하시되 검정색이 가장 무난합니다. 벨트의 끈은 거의 수선할 일도 생기지 않고, 버클은 평생을 쓰게 될 테니 100만 원이 넘더라도 하나 구입하면 좋습니다.

양말은 흰색 양말은 가급적 피하고, 색이 바랬거나 마크가 닳아 있거나 발바닥 부분의 살색이 보이거나 발목이 늘어난 것은 버리시길 바랍니다. 스니커즈 발목양말은 발목이 너무 보이고, 스포츠 브랜드 마크가 찍힌 양말은 두껍고 불편합니다. 그나마 신사 정장 양말을 고른 분은 양호한 편에 속합니다.

SPA 브랜드에서는 자유롭게 아무 디자인이나 4개에 14,000원 정도의 발목 위까지 오는 패션 양말을 구입할 수 있습니다.

시계는 웬만해선 하지 않는 것을 권합니다. 특히 브랜드도 없는 메탈 시계의 경우 무거워서 흘러내릴 때마다 반복적으로 손목을 위로해서 흔드는 거 정신 사납고, 여자들이 싫어합니다. 소개팅에서 계속 시계를 본다는 건 앞에 분이 마음에 들지 않아 일어나고 싶다는 신호이며, 특히 메탈 시계는 옆에 같이 걸을 때 여성분의 손과 팔에 부딪히거나 스치면 꽤 아프고 다음 날 멍이 들 수도 있습니다.

가방을 메거나 들고 나가는 것도 추천하지 않습니다. 바쁘다는 느낌을 주기 위해서라면 처음부터 소개팅 자리에 나갔으면 안 되었고, 있어 보이기 위해서라면 어설픈 준 명품 가방을 들기보다는 진짜 명품가방을 들고 나가는 게 더 낫습니다.

지갑은 너무 깔끔한 것보다 살짝 바래야 근검절약하게 보이고 겉멋 들어 보이지 않습니다. 지갑 속을 깔끔하게 정리하고, 카드만 들고 다니지 말고 5만 원권이나 1만 원권을 조금 두둑이 채워 넣도록 합시다.

지갑, 핸드폰, 자동차 열쇠는 테이블 위에 놓거나 바지 속에 넣어도 괜찮지만, 함께 이동할 때는 핸드폰만 한 손에 드는 것도 괜찮습니다. 집, 사무실 열쇠, 열쇠 지갑 등은 보이지 않게 하거나 들고 나가지 않는 것이 좋습니다. 최대한 간소하게 하고 나가시길 바랍니다.

TIP 벨트와 양말은 착용, 두 손은 가볍게!

말을 잘하는 남자는 어조, 어감, 어투가 다르다!

대화 주제에 대해 많이 고민하고, 준비해서 나갔기에 대화도 많이 주고받으며 미소를 날려주는 그녀가 내게 호감이 있는 것 같아 애프터를 신청했지만, 답이 없습니다.

여자 입장에서는 그냥 리액션이었을 뿐인데 남자는 자신에게 호감이 있다고 오해할 수도 있습니다. 소개팅 이후 여성분들은 "남성분과 얘기는 많이 한 거 같은데 재미가 없고 즐겁지가 않네요, 무슨 말을 했는지 하나도 기억에 남는 게 없네요", "뭐라고 딱 꼬집어 얘기는 못하겠는데 예의나 매너 없이 말하는 것 같아 싫었습니다"라고 말하는 분들이 많습니다. 이런 남성은 목소리가 좋은 것과 달리, 대화할 때 상대방에게 깊은 인상을 남기지 못하거나 자신의 생각이나 감정을 제대로 전달하지 못하고, 재미없고, 거친 인상을 주기 쉽습니다. 이러한 경우, 아래의 3가지 사항을 점검할 필요가 있습니다.

우리가 흔히 '말투가 마음에 들거나 들지 않는다'라고 할 때 말투에 대해 3가지로 나누어 '말의 어조(말의 높낮이=가락)', '어감(말하는 사람의 전달에 따른 말의 느낌과 맛)', '어투(말을 내뱉는 태도와 매너)'를 잘 맞추어서 얘기해야 호감 있는 남자로 보입니다.

한 가지 톤으로만 얘기하는 남자가 있습니다. 이런 남자는 말의 어조가 없어 음계의 '도'로만 계속 얘기를 해서 아무리 재미있는 얘기를 하더라도 지루합니다. 어조가 단조로운 남성은 구연동화를 연습하면 효과가 있습니다. "아주 먼 옛날에 무서운 호랑이 한 마리가 살았어요…" 어떻게 얘기해야 하는지 감이 잡히실 겁니다.

어감은 자신의 감정을 말에 담아 전달하는 뉘앙스로 '말을 얼마나 맛있게 하느냐'인데 연기자의 연기가 어색한 까닭이 바로 감정을 말에 담지 못하기 때문입니다.

요즘 인기 있는 강사들의 영상을 찾아보면 하나의 주제를 가지고, 상대방과 공감하며 소통합니다. 이런 영상들을 찾아보면서 따라 해 보면 효과를 볼 수 있습니다. '말을 참 맛있고, 재미있게 한다'라는 느낌을 받을 것입니다. 본인의 소신이 담긴 주장과 논리, 자신만의 실제 경험이 녹아든다면 더할 나위 없이 맛있는 말이 될 것입니다.

어투는 말하는 버릇이며 본인의 성격을 대변해 보이기에 가장 중요합니다. 남자들이 의외로 본인의 성격은 아닌데 의도와 달리 빈정거리거나 거들먹거리는 느낌을 줄 수도 있고, 머뭇머뭇하는 어투는 우유부단해 보이는 느낌을 주며, 내뱉듯이 던지는 어투는 버릇없고 예의 없는 사람으로 보여 오해를 사기도 합니다. 상대방이 자신과의 대화로 오해나 기분 나빠 하는 일이 많은 사람은 어투를 반드시 고쳐야 합니다.

보통 우리가 말투라고 하는 것이 어조, 어감, 어투입니다. 이 3가지를 잘 사용하면 센스있는 말투라고 하며, 말을 잘하는 남자로 여성에게 호감도가 올라갈 것입니다.

> **TIP** 센스 있는 어조, 어감, 어투로 호감도를 높이자! "

RULE 07 : 대화력

———

이성과의 대화력을 키우고 싶다면,
Bar를 이용해라!

당신은 연.못.남(연애 못하는 남자)인가?

연.못.남과 초식남을 혼동하는 경우가 있는데 초식남은 육식남의 반대말이 아니라 근육질보다는 살짝 마른 체격을 가진 특징이 있으며 이성과의 섹스보다는 본인의 취미 생활에 보다 투자를 하는 남자를 말합니다. 둘 다 여자에게 관심 없다는 의미가 절대 아니랍니다.

필자가 커플매니저로 일하면서 연.못.남의 가장 심각한 증상은 여성과 단둘이 나누는 대화가 어렵다는 것입니다. 이성 앞에만 서면 떨리고 두근거려서 말이 안 나오는 남성분들이 많습니다. 또한, 마음에도 없는 말을 해서 땅을 치고 후회하는 경우도 많이 보았습니다.

필자가 교육한 방법 중에 가장 효과가 있었던 방법을 하나 알려드리니 잘 이용해 보길 바랍니다. 효과적으로 이성과 대화를 늘리고 싶으면 집 근처의 Bar를 가보시길 바랍니다. Bar에 가면 섹시한 의상을 입은 여자 바텐더들이 당신 앞에 앉아 귀를 빌려줍니다. 섹시한 의상에 눈이 즐겁고, 알코올도 살짝 들어가니 기분도 좋아지며, 나의 어떤 얘기도 진지하게 들어주고, 해결책을 알려주기도 합니다. 당신이 말이 없을 때는 말도 걸어줍니다.

비싼 양주를 먹지 않아도 됩니다. 퇴근길에 간단히 들릴 수 있는 집 앞의 Bar면 충분합니다. 동네마다 다르겠지만, 맥주 3~5만 원어치 정도면 충분합니다. 4~5번 정도 가보길 권장하며, 이 정도 수업료는 아까워 말고 투자해보시길 바랍니다.

주의사항이라면 술에 취해 바텐더들에게 욕설을 하거나 진상을 부리면 안 되고, 여자 바텐더들이 단골관리 차원에서 문자를 보내는 친절함을 나를 좋아한다고 착각해서 깊게 빠져들면 안 됩니다. 우리는 연.못.남 탈출을 위해 연습하러 가는 것임을 기억합시다!(딱, 거기까지!!) 솔직하게 연.못.남이라고 얘기해도 좋습니다. 본인의 남자로서 매력이 무엇인지 물어봐도 좋고, 내가 어떻게 하면 인기남이 될 수 있을지, 어떤 대화가 좋은지, 옷차림 등 단골 Bar를 정해서 이것저것 질문하며, 여자 바텐더와 친해져보시길 바랍니다.

어느 순간 여자와의 대화가 즐거워지게 되면, 때가 된 것입니다. 이제 실전 필드로 나가도록 합시다!

TIP 여자 바텐더를 적극 활용하되, 빠지지는 말자!

RULE 08 : 보이스 트레이닝

———

배우 같은 목소리를 원한다면!

목소리가 좋은 남자는 매력적입니다. 우리가 아나운서나 성우만큼 좋은 목소리를 낼 필요는 없으나, 최소한 여성에게 거슬리게 들리지는 말아야 합니다. 의외로 소개팅 전에 전화통화로 목소리가 너무 아저씨 같다거나 얇아서 여자 같은 느낌을 주는 남자들이 많아 마이너스 상태에서 만남을 갖는 분들도 많습니다.

그렇다면 어떻게 해야 여자들이 좋아하는 목소리를 낼 수 있을까요?

우선, 본인의 목소리부터 진단해 보도록 합시다.

본인이 하는 말을 머금어 버리기 때문에 자신의 목소리가 상대방에게 어떻게 들리는지 잘 모르는 분들이 굉장히 많습니다. 자신의 목소리가 궁금한 분은 스마트폰의 음성녹음 기능을 통해 간단한 문장을 읽어서 녹음하고, 본인의 목소리를 들어보면 됩니다. 어떤가요? 마음에 드는 목소리인가요? 의외로 이게 진짜 내 목소리인가 하며 몰랐던 분들이 많습니다. 본인의 목소리인데도 어색하고 이상하다면 듣는 상대방은 어떨까요?

목소리 좋은 남자 연예인들이 많습니다. 그 중에서 이병헌씨의 목소리를 으뜸으로 칩니다. 그는 목소리만으로 CF 광고를 찍고 돈을 벌기도 합니다. 바로 그 비법은 '공명'으로 몸속 울림을 통해 내는 목소리이기에 더욱 깊이가 있습니다. 이렇게 좋은 '공명' 소리를 어떻게 낼 수 있을까요?

목소리는 천성이라고 하지만 노력하면 얼마든지 여성이 좋아하는 목소리로 바뀔 수 있습니다. 이제부터 방법 2가지를 소개하도록 하겠습니다.

첫째, 카드를 물고, 소리 내어 책 읽기를 10분씩 2주만 해보시기 바랍니다. 실천할 수 있다면 발음은 많이 좋아집니다.

둘째, 단전호흡입니다. 기마 자세로 단전(배꼽 아랫 부분) 호흡을 하게 되는데 몸속으로 숨을 들이마신 뒤 참으면서 단전에 힘을 모으고, 숨을 뱉어내는 방법입니다. 합기도, 요가나 명상을 할 때 많이 쓰는 방법인데 많이 하다 보면 자신도 모르게 아랫배에 힘이 들어갑니다.

단전에 힘을 주어 말하는 연습을 하다 보면 숨을 마신 후 가슴을 울려 뱉어내는 공명으로 소리를 낼 수 있습니다. 공명 발성은 가수들도 오랫동안 하는 연습 방법이고, 면접이나 발표, PT시 긴장을 덜어주는 호흡법으로도 유용합니다.

이미지 메이킹에서도 보이스 트레이닝이 가장 어려운 부분입니다. 하루아침에 안 된다고 실망하지 말고 꾸준히 연습을 하셔야 효과를 볼 수 있습니다.

TIP 단전호흡을 통해 공명으로 소리내 보자!

RULE 09 : 피부관리

—

물광 피부는 당신을 귀공자로 만들어 준다!

요즘은 남자도 피부에 관심이 많습니다. 가장 좋은 건 영양섭취를 골고루 하고, 충분한 휴식, 술과 담배를 끊으면 좋겠지만, 사정상 그렇지 못하면, 피부 관리라도 힘써 보도록 합시다. 여드름이 고민인 사람은 성인이 되면 피부과에 가서 진료를 받아보길 권장합니다.

세안 후 면도는 매일 하고, 스킨을 화장 솜에 묻혀 바로 닦아 주어야 합니다. 스킨을 다른 말로 '애프터 쉐이빙'이라고 하며, 화장 솜에 스킨을 묻혀 닦아주고, 그 다음 아이크림(팔자, 미간 주름에도 유용), 에센스, 로션을 순서대로 발라줍니다. 영양크림이나 수분크림까지 발라주면 더할 나위 없지만 스킨, 에센스, 로션, 자외선 차단제만큼은 꼭 구비하도록 합시다.

참고로 남자 화장품 브랜드는 '비오템', 'LAB 시리즈'가 항목별로 세분화되어 있으며 스킨과 로션 2개만 사는데 10만 원이 넘습니다. 어느 화장품이라도 에센스가 가장 비쌉니다. 좋은 피부를 유지하길 바란다면 외출할 때 자외선 차단을 위해 자외선 차단제는 반드시 발라줍시다. BB크림을 남용하는 분들이 많은데 피부 트러블을 가리기 위해 국소부위에만 소량 사용해야 합니다. 우리가 흔히 화장을 떡칠한다는 표현을 쓰는데 BB크림을 로션처럼 얼굴 전체에 골고루 바르면 화장이 됩니다. 화장하는 남성을 여성은 좋아하지 않습니다.

'화장은 하는 것보다 지우는 것이 더 중요합니다'라는 광고를 본 적이 있을 것입니다. 자외선 차단제나 BB크림을 사용한 날은 반드시 클렌징(티슈)으로 닦아낸 후 씻어내도록 합시다. 이것을 하지 않는 것이 피부트러블의 큰 원인이며, 이미 당신의 베개에는 화장품의 잔재가 다 묻어 있을 것이니 베개 커버를 반드시 세탁합시다.

바로 좋은 피부처럼 보이는 효과가 있는 방법은 소개팅 전날 자기 전에 미백효과가 있는 팩을 붙이면 다음 날 얼굴이 반들반들 하얗게 빛나며 촉촉한 피부를 경험할 수 있습니다. 특히, 겨울철에는 목욕 시 얼굴에 때수건은 절대 사용하지 말고, 손으로 문질러야 합니다. 가능하다면 각질 제거제를 일주일에 2~3번 정도 얼굴에 사용하면 큰 효과를 볼 수 있습니다.

또 한 가지 비법은 연예인만 한다는 물광 피부를 만드는 방법인데 BB크림과 젤 오일 또는 수분크림을 1:1에서 1:2 비율로 손등 위에서 섞어 티존 부위에 살포시 바르면 물광 피부 효과를 보게 될 것입니다.

당신의 얼굴에서 광이 나면 귀공자처럼 보인다는 의미입니다. 남자의 통장 속 잔고가 얼마인지 그녀는 모릅니다. 자본주의 사회에서 남자의 능력은 분명 여성에게 어필하는 요소입니다. 있어 보여서 손해 볼 것은 없습니다.

TIP
빛나는 피부는 당신을 귀공자로 보이게 할지도!

RULE 10 : 향수

나만의 향기로 그녀를 사로잡아라!

향수를 쓰는 이유는 그녀에게 잘 보이거나 유혹하기 위해서입니다. 그래서 나온 것이 페로몬 향수인데 크게 효과는 없는 것 같습니다.

남자들은 향수를 살 때, 몇 가지 유명한 것만 찾다 보니 주위에서 데이트하는 남자들한테서 다 같은 향이 나는 걸 경험하기도 합니다. 향수에 관심 있는 여성이라면 향기를 맡자마자 그 향을 맞추거나 그에 대한 평을 내리기도 합니다. 그녀가 좋아하면 다행이지만 왠지 속내를 들킨 것 같기도 하고, 싫어하는 향이라면 신경 써서 뿌린 건데, 당장 씻을 수도 없고 사놓은 거라면 버릴 수도 없어 난감합니다.

그럼 어떤 향수를 선택하면 여성분이 좋아할까요?

필자가 지금까지 많은 남자 향수를 써 보고, 여자 향수도 써 보며 컨설팅 및 테스트를 해 본 결과 '여자들이 잘 모르는 여자 향수'를 쓰는 것이 가장 효과가 좋았습니다. 여자 향수를 쓰게 되면 뿌리는 남자 입장에서도 향이 좋고, 여자 입장에서도 익숙해서 좋아합니다. 하지만 여자가 그 향수를 알고 있으면 조금 난감할 수는 있지만, 시치미 뚝 떼시면 됩니다.

"오빠에게서 좋은 향이 나는데, 어디 향수를 쓴 거야?"라고 물어 보면서 먼저 거리를 좁혀옵니다. "원래 나한테서 나는 냄새야, 네가 좋으면 됐지 뭐, 한번 맡아 볼래?"라고 하면서 손목이나 귓불 목덜미를 내어주면 됩니다.

향수를 바르는 방법은 맥박이 뛰는 손목과 귀 뒤쪽과 넥타이, 무릎 위쪽의 바지 부분에 살짝 묻혀주는 정도여야 은은한 향을 맡을 수 있습니다. 겨울에 코트 안에 정장 웃옷과 와이셔츠, 심지어 겨드랑이에 뿌리면 코트를 벗는 순간 무척 강한 향이 느껴지니 주의하시길 바랍니다.

필자가 특정 브랜드를 얘기하지 않는 이유는 향이란 그 사람만이 가지고 있는 독특한 냄새와 함께 땀과 섞여서도 나기에 호불호가 갈리기 때문입니다. 땀 냄새는 당신만의 페로몬 향과 같습니다. 섹스 시 당신의 땀 냄새가 역겨우면 그녀는 이유 없이 이별을 고하기도 합니다. 함께 등산을 해보면 땀 냄새 확인이 가능하고 향이 좋게 느껴진다면 서로 궁합이 잘 맞는다고도 합니다. 향수만으로 여자를 사로잡을 수는 없지만, 여자는 남자보다 후각에 더 예민하고 자기가 좋아하는 향에 강하게 이끌립니다. 향수를 쓰기 전에는 항상 씻고 뿌리는 것이 기본이며 향수매장에서 본인만의 향을 조향할 수도 있습니다.

여러 가지 향을 써보도록 하세요. 그녀가 좋아하는 향이면 오케이입니다.

TIP 내가 좋아하는 여자 향을 써보자!

소개팅 전 고민

성공확률을 높이기 위한 설계하기

RULE 01 :

첫인상에 따른 데이트비용 전략
(커피전문점→식당)

남자가 원하는 최상의 소개팅은 여자의 외모가 합격점이고, 커피를 마시지 않고 바로 식당으로 이동한 후 식사를 하고 여성분이 2차로 커피를 사는 것입니다. 하지만 소개팅녀의 외모가 확인되지 않은 이상 비용 쓰는 게 망설여지는 직장인 남성들을 위해 첫인상에 따른 데이트비용 전략에 대해 살펴보도록 하겠습니다.

첫째, 여성의 첫인상, 외모가 마음에 들 때

흘러가는 분위기상 남자분이 커피나 음료를 사게 된 이후 조금 뒤에 식사하러 가는 경우입니다. 첫 만남 장소가 커피전문점이면 여자가 커피를 사는 경우는 드물기에 남성분이 커피값과 식사비를 모두 지불하게 됩니다. 이후 애프터가 성사되어 2번째 만남으로 이어지면 좋겠지만 첫 만남으로 끝이 나면 남성분의 내상은 이루 말할 수 없습니다. 커피전문점에서 만나서 2차로 장소 이동 없이 끝났다는 것은 당신이 마음에 들지 않았다는 뜻입니다. 여성의 외모가 확인되었기 때문에 두 번째 만남에서 맛있고 비싼 식사를 사줄 것을 다짐하지만, 애프터를 거절당하면 말짱 도루묵이 됩니다.

둘째, 첫인상은 괜찮은데 무언가 살짝 아쉬울 때

판단이 잘 서지 않아 적극적으로 움직이기 어렵습니다. 이럴 경우, 보통 커피만 마시고 집에 오면 어차피 뒤에 스케줄도 없고 같이 밥이라도 먹을 걸 하는 후회가 밀려옵니다. 그런데 밑져야 본전이라며 애프터를 신청하게 됩니다. 거절당하면 차라리 다행이라고 생각하겠지만, 애프터에 성공하면 다시 원점부터 시작해야 합니다. 유의할 점은 2번째 만남을 하게 되면 바로 식사를 해야지 커피전문점은 안 된다는 것입니다. 어느 정도 여성분도 눈치채고 있을 겁니다. 식사 후 커피값을 그녀가 계산한다면 관계가 회복되지만, 만약 그렇지 않다면 당신의 허탈감과 짜증은 극에 달할 것입니다. 마음이 움직이지 않아, 식사비도 아깝다는 생각이 들 정도라면 미련 없이 2번째 만남은 생각지 말고, 다른 사람을 만나 보시는 것을 권장합니다.

셋째, 여성이 마음에 들지 않을 때

커피만 마시고 집에 가면 됩니다. 당신의 예상이 들어맞았고, 돈이 굳었습니다. 여성분은 집에 가서 라면이나 고추장에 밥을 비벼 먹으며 당신의 욕을 할 수 있습니다. 돌아가는 길에 Bar나 유흥 쪽에 가서 돈을 쓰면 그녀 때문에 엉뚱한데 돈을 썼다는 후회와 함께 원망은 하지 않길 바랍니다. 여러 가지 상황을 미뤄 보았을 때 첫 만남을 커피전문점에서 만나고 바로 식사하러 가는 것이 경제적으로는 가장 좋을 수 있습니다.

TIP 식사를 먼저 하는 것이 이득이다!

RULE 02 :

호감도에 따른 데이트비용 전략

(식당→커피전문점)

요즘은 결혼정보회사의 커플매니저들도 주말 2~5시 사이로 맞선 시간을 정해주며, 장소 또한 식당이 아니라 커피전문점으로 정합니다. 만약 식당에서 만나게 될 경우 상황에 따른 전략을 살펴봅시다.

첫째, 여성이 마음에 들 때

만나기 시작해서 식사 후 '1시간 30분'이 지나도 여성분이 커피 마시러 가자는 얘기를 안 꺼내는 경우가 있습니다. 함께 더 대화하고픈 마음에 식사를 계산하고 커피 마시러 갔는데 여성분이 커피값 계산 할 생각을 하지 않고 쭈뼛거리며 한 걸음 물러나 있을 수 있습니다. 2차로 커피값 계산은 여성분이 하는 게 매너지만, 계산하지 않는 여성의 생각은 당신이 마음에 들지 않거나 아직은 당신이 진짜 자신을 좋아하는 건지 알 수가 없기에 그 마음을 확인하기 위한 방법일 수 있습니다. 기분은 조금 좋지 않지만, 마음이 자꾸 그녀에게 간다면 흔쾌히 커피값을 계산해야 다음 만남이라는 최소한의 기회가 생깁니다.

둘째, 첫인상은 괜찮은데 무언가 살짝 아쉬울 때

이때 메뉴 주문 시 각각 파스타 한 개씩이 아니라 평소에 먹기 힘든 메뉴를 주문하는 게 좋습니다. 평소에 혼자 먹기 힘든 피자, 고기 등 나누어서 먹어야 하는 음식점으로 가서 남성분이 먹고 싶은 걸로 직접 선택 하십시오. 그러면 리드하는 걸로 보여집니다. 긴장되고 떨림이 덜하기에 더 편하게 대화를 나눌 수 있습니다. 조금 값비싼 소개팅 연습한다고 생각하고, 여성의 마음을 얻는 데 노력을 기울여 보시길 바랍니다. 여성분이 당신을 마음에 들어 해서 적극적으로 다가올 수도 있고, 생각지도 못한 큰 수확이 돌아오는 경우도 많습니다.

셋째, 마음에 들지 않을 때

남자가 두려워하는 최악의 상황은 식당에서 만난 그녀가 마음에 들지도 않는데 비싼 음식을 시키고, 디저트를 먹으러 가자고 했는데 계산대 뒤로 살짝 빠져 있는 경우랍니다. 진짜 못 볼 정도가 아니라면 2차로 커피나 디저트보다는 간단히 한잔하자고 술자리를 가지는 것도 좋은 방법입니다. 여자들의 심리도 알 수 있고, 좋은 친구가 될 수도 있으며 술값도 계산해주는 화끈한 여자일 수도 있습니다.

TIP 살짝 애매해도 최선을 다하다 보면 의외로 좋은 사항이 생길지도!

RULE 03 : 개념

———

커피 사는 여자는 개념 있는 여자인가!

'커피 사는 여자=개념 있는 여자'

직장인 싱글 남녀가 만남에 있어 커피 한잔에 여자의 개념이 있다 없다가 결정됩니다. 이 얼마나 중요한 일인가요? 직장인 싱글남이라면 예쁜 여자, 욕구를 해소할 수 있어야만 주머니에서 돈이 나옵니다. 직장인이 되다 보니 돈에 민감해지고 커피값 정도는 내줄 수 있는 매너 있는 여자가 나오면 좋겠지만 어떤 외모와 매너의 여자일지 모르면 돈쓰기가 어렵고, 잘못 쓰면 아까운 건 사실입니다. 아직도 첫 만남에서 커피를 사지 않는 여자들이 많습니다. 중요한 것은 '당신이 소개팅에 나온 이성에게 마음이 있는가'입니다. 마음에 드는 여자라면 개념은 없지만, 커피 한잔 사지 않는다고 해서 그녀를 바로 포기 못 할 겁니다. 오히려 식사하고 나서 그녀와 더 함께하고 싶은 마음에 먼저 2차로 커피를 마시러 가자고 얘기할 것이기 때문입니다. 첫 만남에서 그녀가 커피를 산다고 해서 안심 할 수만은 없습니다. 개념 있는 여자일 수 있지만 다시는 그녀를 못 볼 수도 있습니다. 세상이 흉흉하다보니 커피를 사더라도 '먹고 떨어져라'는 식으로 '너한테 빚 진게 없으니 귀찮게 하지 마라'는 신호일 수도 있습니다. 실제 커피값을 낸 여자에게 애프터 신청을 했는데, 답이 없으면 그녀에게는 다시 조르기 힘듭니다. 보상심리로 하나씩 주고받았기에 더는 서로가 요구할 수 없고 그걸로 끝나버립니다.

첫 만남에서 데이트 비용을 남자가 모두 지불한 상황에서 양심 있는 여자라면 보상심리로 인해 애프터가 유리해지는 건 사실입니다. 물론 밥도 사주고, 커피도 사줬는데 애프터 실패면, 당신이 정말 마음에 들지 않는다는 것입니다. 화가 나고 짜증나며 데이트 비용과 시간이 아깝지만 겸허하게 받아들이고, 당신에게 문제는 없었는지 돌이켜 볼 필요가 있습니다.

애프터 성공으로 2번째 만남이 된다면 커피값은 그녀가 계산할 것입니다. 이것은 당신을 좋게 생각하고 있다는 증거입니다. 단, 아직 넘어온 건 아닙니다.

만약, 2번째 만남에서도 돈 한 푼 쓰지 않는다면 그녀는 당신에게 관심 없습니다.

TIP 첫 데이트 비용은 내가 낸다는 생각으로!

RULE 04 : 사진

원판 불변의 법칙은 이미 깨진 지 오래다!

　여성들은 사진 찍는 것을 남자보다 좋아합니다. 프로필 사진촬영 및 셀카, 포토샵 등으로 자신의 사진을 메신저 프로필이나 페이스북, 인스타그램 등에 실시간으로 올리며 바꾸는데, 대한민국 여성들 대부분이 프로 사진작가라는 생각이 들 정도로 각도와 프로그램을 잘 다룹니다. 당연히 여성들이 SNS에 사진을 올릴 때는 자신이 가장 예쁘게 나온 사진을 올립니다. 요즘은 사진을 보고 소개팅을 한 남성들은 사진 속의 그녀와 실제 만난 그녀의 모습에 차이가 많아 갸우뚱거리며 만났다는 말들을 많이 합니다. 보정 처리가 된 사진으로는 여자의 나이를 가늠하기 힘들 정도입니다. 실제 만남에서 여성은 다양한 표정과 함께 주름이 보이며, 화장과 옷차림, 헤어스타일, 목소리와 매너에 따라서 풍겨져 나오는 뉘앙스도 사람마다 다르기에 자신이 생각했던 사람이 아닐 수 있습니다.

　사진을 보고 만나면 기대를 하는 건 당연합니다. 포토샵으로 처리된 사진이지만 그것 또한 그녀의 일부 모습이라며 믿어버립니다. 그 순간 당신은 이미 그녀를 한 번도 보지 못했지만 연애하는 마음이 싹트며 그녀와 잘될 것 같은 기대와 함께 '연애의 을'의 입장이 됩니다.

수만 번을 사진빨에 속았고, 온라인 만남, 채팅, 유흥사이트에 올라온 사진만 보고 많은 비용을 지불한 경험이 있는데도 선천적으로 시각에 약한 남자들이라 고쳐지지 않는 거 같습니다.

이런 기대 속에 그녀와 처음 만나는 날, 당신은 그녀의 모습이 실제와 조금 다르더라도 이미 마음이 간 상황이기에 웬만하면 그녀의 입장을 다 맞추어 주려고 합니다. 문제는 그녀의 의사는 전혀 모른 채 당신 혼자서 사진 속의 그녀를 만나려 했다는 겁니다. 남자인 당신의 사진을 먼저 주는 것은 어떨까요? 좋은 방법인 것 같지만 자기 사진은 전혀 고려하지 않고, 여성의 사진만 보려 하는 것부터가 문제입니다. 남자는 대부분 몇 년째 증명사진, 반바지에 슬리퍼를 신고 다리를 넓게 벌린 여행사진, 사무실에서 일하는 설정사진입니다. 하지만 여성들은 시각에 약하지 않아 사진만 보고 만남 여부를 결정하지 않습니다. 그녀가 당신을 마음에 들어 하지 않을 경우 내상이 큰 이유는 이미 당신 혼자 사진 속의 그녀와 연애를 시작했기 때문입니다. 소개를 받는다면 주선자에게 사진만 요구하기보다는 확실하게 자신의 사항과 원하는 이성상을 정확히 대변해 줄 수 있는 사람이 좋습니다.

TIP　　그렇게 속았는데, 또!

RULE 05 : 지역

첫 만남, 그녀와 나 사이 어느 지점이 좋을까!

소개팅이나 첫 데이트에서 만날 날짜와 시간은 정했는데 그다음부터 우왕좌왕하는 남자 분들이 많습니다. 바로 만나는 지역을 정하는 일 때문입니다.

여성의 환심을 사고, 배려하는 차원에서 여성 쪽으로 가겠다고 나서기도 하는데 이런 방법이 꼭 능사가 아니랍니다. 아는 지역이라면 다행이지만, 처음 가보는 지역이라면 미리 발품과 손품을 팔아 좋은 소개팅 장소를 고려해야 합니다. 소개팅 장소를 정할 때는 크게 평일과 주말에 따라 달라집니다.

평일에는 출근하기에 남성분도 갖추어 입게 되어 더 유리할 수도 있습니다. 여성분이 직장 근처에서 소개팅하는 일은 없기에 그 지역을 벗어나려고 할 거랍니다. 이때 여성분의 직장에서 집으로 가는 방향의 중심가를 접점으로 약속 잡는 것이 가장 좋습니다. 직장의 위치가 한 분이 조금 먼 수도권에 위치한다면 주말에 만날 것을 권합니다. 주말을 선택한 경우, 서로의 집이 수도권과 서울이라면 서울 내 교통의 중심지를 약속장소로 잡길 바랍니다. 지역과 지역이 다른 지방도 마찬가지입니다. 단, 차가 있는 분이라면 여성분 집 근처로 가시는 것도 좋습니다. 오는 길이 어렵기에 식사를 대접한다면 최소한 커피 한잔은 살 거랍니다.

커플매니저를 통해서 만나는 거라면 서로의 의견을 중간에서 조율해주기 때문에 맡기면 편하지만, 주선자가 친구라거나 아는 지인이라면 몇 번씩 조정하기가 사실 부담스럽기 때문에 한두 번의 조정으로 만나는 지역을 결정하는 게 좋습니다.

서로 연락처를 교환하여 직접 정해야 한다면 정중하게 전화를 걸어서 중간 지점 정도를 제시해봅니다. 수락한다면 만남 하루 전날 연락드리겠다면서 마무리하면 됩니다. 여성분이 만남의 장소가 사람이 많다거나 이런저런 이유로 불편함을 호소하더라도 남성분이 대략 알고 있는 지역으로 유도하는 것이 좋습니다. 몰라서 헤매는 것보다 낫습니다.

만약 여성분이 자기가 있는 곳까지 오라고 한다면 썩 내키지 않더라도 수긍하고 일단 가서서 만나보길 바랍니다. 왈가왈부하게 되면 그 만남은 거기서 끝입니다. 여성분이 진짜 사정이 있을 수도 있습니다. 내키지 않을 수도 있지만 편하게 커피 한잔 하는 마음으로 소개팅 연습한다 생각하시고 출발하시어 매너 있게 만나시길 바랍니다. 지역을 정할 때는 남성분이 조금 더 배려한다는 생각을 하시면 마음 편합니다.

TIP 서로의 위치를 확인하고 2/3 여자 쪽으로 정한다!

RULE 06 : 동선

———

발품이 아니면 손품을 통해
지역 일대를 탐방해두자!

소개팅이나 첫 만남 지역을 결정하고 나면 그 다음은 장소입니다. 실질적으로 돈이 나가는 장소이기에 투자 대비, 가성비 등을 생각하지 않을 수 없습니다. 그녀의 외모가 마음에 들지 않으면 돈을 쓰지 않겠다는 심리가 담겨 있지만, 이는 사실이고 또 중요합니다. 길거리에서 만나는 것은 위험합니다. 지하철역 출구 앞이나 중심가의 유명한 장소 등에서 약속을 잡는 분이 있는데 학창시절에는 괜찮지만, 직장인이 되면 많이 어렵습니다. 그녀의 외모나 스타일을 보려고 계산된 얄팍한 행동이겠지만 마찬가지로 그녀 역시 당신의 외모와 키, 옷차림을 볼 거랍니다. 당신의 외모를 보고 그냥 지나쳐 집으로 가는 경우가 생길 수 있으며, 차가 없을 것 같은 결정적인 근거를 남기기 때문입니다. 장소는 지하철역에서 가깝지만, 사람이 많이 붐비지 않는 곳이 좋습니다. 만약의 상황에 대비해서 그 지역 일대를 꿰뚫어 두시길 바랍니다. 만남 하루 전날이라도 검색을 거듭하시고, 시간적인 여유가 있다면 1시간 정도 일찍 가서 그 지역 일대를 한 바퀴 하는 것도 좋습니다.

만나기로 한 장소에서 카페, 식당, 술집 각각 3군데씩 정도는 알고 있으셔야 어떤 상황에도 당황하지 않으실 겁니다. 카페에 사람이 많을 수도 있고, 선택한 메뉴를 좋아하지 않을 수도 있으며 운이 좋아 첫 만남 당일 술을 한 잔하게 될 수도 있습니다. 또 한 번의 노력으로 알아두면 추후에도 두고두고 써먹을 수 있습니다.

유의할 점은 첫 만남 장소에서 2차 이동 시 3블록을 넘기지 않길 바랍니다. 특히, 무더운 여름이나 눈이라도 내리는 겨울날에는 더욱 세심하게 장소를 선택해야 합니다.

여름에 땀이 흘러 화장이 번지고 지워지고, 추운 겨울 당신에게 잘 보이기 위해 미니스커트와 10cm 이상의 하이힐을 신고 나온 그녀를 데리고 많은 거리를 돌아다닌다는 것은 여성에 대한 배려심이 없는 것과 같습니다. 여성분들은 짜증나고 죽을 맛일 거랍니다.

조용한 곳이라고 해서 첫 만남에 너무 으슥하거나 사귀는 연인 사이에 해야 할 것들을 첫 만남에서 시도하는 분들도 있는데 가볍게 카페나 식사만 하는 정도가 가장 좋습니다. 딱 그 정도만 생각하시길 바랍니다.

봄날이라 꽃구경을 간다거나 눈 내리는 겨울이라 외곽의 분위기 좋은 카페를 생각하고 차로 데려가는 일은 하지 않길 바랍니다. 여성의 동의를 구하지 않은 외곽 지역을 첫 만남이나 소개팅 장소로 잡으면 여성분이 불안해할 것입니다.

TIP 첫 만남 장소는 찾아오기 편한 곳, 이동 동선은 최대한 짧게!

RULE 07 : 식당

———

첫 만남에 술자리가 가능하다면
이걸 알아두자!

첫 만남에서 간단히 술 한잔할 수 있으면 분위기는 좋아집니다. 하지만 첫 만남에 술 마시러 가자고 하면 여자 입장에서 살짝 거부감이 들 수 있습니다. 그래서 식사를 핑계로 반주 형식을 겸해서 주문하는 것이 좋습니다.

지겨운 이탈리안 레스토랑은 가급적이면 피하길 바랍니다. 당신이 소개팅으로 짝을 만나기 위해 지난주, 이번 주 노력하고 있듯이 그녀도 지난주 파스타를 먹었고, 다음 주도 먹게 될 음식일 수 있습니다. 군이 식사를 하게 된다면 가격 부담도 없고, 거부감이 크게 없는 스시나 태국 요리, 베트남 쌀국수 정도가 좋습니다.

회전 초밥집을 이용하는 것도 좋습니다. 스시를 싫어하는 여성은 많이 없습니다. 서로 마주 보지 않고 한 곳을 응시하여 부담스럽지 않고, 여성분께 초밥 선택을 권하며 자연스레 배려하게 됩니다. 한 접시에 2조각씩 놓이기 때문에 하나씩 나누어 먹기도 좋고, 맛이 없으면 남성분이 2개를 다 먹을 수도 있습니다. 또한, 청하, 산사춘 등 가볍게 술을 한잔 곁들일 수도 있습니다.

저녁 시간이라면 소개팅 장소로 고깃집을 이용해보시는 것도 권장합니다. 고기를 사준다며, 분위기가 괜찮은 곳으로 가보시길 바랍니다.

고기는 비싸다는 인식이 있어 거부감 없이 여성분이 응하실 거랍니다. 요즘은 고깃집도 잘되어 있어, 냄새가 옷에 배지 않고 와인도 함께 할 수 있는 곳이 많습니다. 다만 신발을 벗는 곳은 피하시길 바랍니다. 고기를 잘 구워 그녀 접시에 놓아주며, 자연스럽게 매너 있는 모습을 보여주고 술도 가볍게 한잔할 수 있는 장소라서 분위기를 좋게 이끌어 갈 수 있습니다.

와인 레스토랑에 가서 안주 겸 식사대용으로 주문을 다 하고 나서 살짝 와인 2잔 글라스로 시키거나 "한잔 하실래요?"라고 자연스레 이끌면 됩니다. 한 병이 부담스럽다면 글라스로 주문해도 좋습니다. 이자카야도 실내에 벚꽃나무 한 그루가 있어 술 마실 분위기가 납니다. 여자들이 좋아할 만한 꼬치안주와 오코노미야키 등도 좋습니다. 날씨가 추우면 따뜻한 정종도 좋고, 여름이면 시원하고 달콤한 사케가 좋습니다.

우리의 목적은 첫 만남에서 '너무 잘 통해요'라는 느낌만 가지면 됩니다. 절대로 늑대의 본성을 보여서는 안 됩니다. 술 마시고도 흔들리지 않는 당신은 믿을만한 남자라는 인식을 심어줄 수도 있습니다. 당신이 먼저 술에 취해 진상이 되거나 스킨십을 하면 그걸로 끝입니다.

TIP 술자리의 목적은 서로 친해져서 어색함을 없애는 것!

RULE 08 : 요일

———

첫 소개팅은 무슨 요일이 좋을까!

어느 요일에 처음 만나면 좋을까요?

여유 있는 주말이 좋다고 생각하시겠지만 첫 만남이라면 금요일 저녁 시간이 실제 커플이 될 확률이 높습니다. 요즘은 회사마다 개인의 삶을 중시하는 분위기가 많이 형성되어 금요일에 회식하는 회사는 거의 없습니다. 직장인 싱글남이라면 친구나 지인과 함께 술한 잔 걸치는 분들이 많습니다.

싱글녀도 마찬가지로 한 주가 끝나는 금요일 퇴근과 함께 그냥 집에 들어가기도 싫고 '뭔가 신나는 일이 없을까?'하고 기대하기도 합니다. 술 한잔 하더라도 다음날 출근을 하지 않아 부담스럽지도 않습니다. 직장인 여성이라면 금요일에는 출근할 때 평소보다 더과감한 옷차림도 해보고, 화장도 진하게 해보며 일탈을 꿈꾸기도 합니다. 회사에도 싱글이라는 이미지를 팍팍 내기도 지겨우니까요. 직장인 싱글남은 이런 점을 십분 활용하셔야 합니다. 앞에서 첫 소개팅에 가볍게 술 한잔 하면 좋다고 말씀드렸습니다. 그런 요일이 바로 금요일 저녁입니다. 여자는 계획적이라 주말에 소개팅 약속을 잡기 어려울 수도 있습니다. 금요일 소개팅의 최대 장점은 당신을 컨트롤 해주기 때문입니다. 마음에 드는 이성이 나오면 조금이라도 더 함께 하고 싶은 마음에 그녀를 집에 보내지 않으려고 할 것입니다. 하지만 금요일 밤은 막차 시간이 다가오기 때문에 자연스레 그녀를 보내줄 수밖에 없습니다. 또한, 저녁 식사 1시간 30분, 2차 장소로 이동해가는 시간에 커피 1시간 정도 하면 아무리 말주변이 없고 재미없는 분이라도 준비만 잘해간다면 좋은 인상을 줄 수 있습니다. 금요일에 서로 친해지는 데 성공했다면 여성분의 반응에 따라 주말에 연타 공격을 가할 수 있습니다. 주말에 짧게라도 한 번 더 본다면 포인트를 더 올릴 수 있습니다. 일요일에 시간을 많이 할애해준다면 외곽으로 나가 볼 수도 있고, 정식으로 데이트 신청을 하게 되는 겁니다.

만약, 금요일 소개팅에 마음에 들지 않는 여성이 나오더라도 큰 손해는 없습니다. 어차피 금요일 저녁 친구들과 술자리나 집에 가서 할 일이 없었다면 소개팅 연습을 하게 해준 그녀에게 감사하며 즐거운 마음으로 편하게 놀다가 들어오시길 바랍니다.

막차 시간은 다가오기에 억지로 빠져나오는 노력을 하지 않아도 자연스레 헤어질 수 있습니다.

> **TIP** 첫 만남, 소개팅은 금요일로 정해보자!

RULE 09 : 자동차

———

첫 만남에 가지고 나가는 게 좋을까!

직장인이 되어 경제력이 생기게 되면 남자들이 소유하고 싶은 것 중 1순위가 자동차라고 합니다. 자동차는 데이트 하는 데 있어 최고의 아이템인 것만은 분명합니다. 보통 차 안에서 대화하기도 하고, 한강이나 외곽으로 갈 수도 있으며, 첫 스킨십의 추억도 차량 안에서 이루어지는 경우가 많습니다. 그러나 첫 만남에서 차량은 오히려 애물단지가 될 수 있습니다. 차를 가지고 나가되 약속장소에 다 와서 막히거나 주차로 인해 지각하는 분이 많습니다. 간단히 자리를 이동하려고 해도 차량 및 주차비가 신경 쓰입니다.

차량을 가지고 나갔을 때 당신이 첫 만남의 비용을 얼마나 쓸지에 대한 부분도 중요합니다. 첫 만남에 고급 레스토랑에서 스테이크를 먹고, 주차된 고급차로 그녀를 데려다 준다면 정말 멋진 데이트가 되겠지만, 이 아이템은 어느 정도 만남을 한 이후, 아니면 사귀는 사이에 하면 좋습니다. 첫 만남에서는 간단한 식사나 차만 한잔 마실 수도 있기에 당신의 차량이 크게 도움이 되질 못 합니다. 만남의 시간이 길어질 수도 있고 간단히 음주할 수도 있습니다. 당신의 차종이 꽤 괜찮으면 모르겠지만 그게 아니라면 억지로 데려다 준다면서 여성분께 첫 만남부터 점수를 잃지 않길 바랍니다. 여성분도 혼자 갈 수 있지만, 당신이 차로 바래다준다고 할 때 흔쾌히 수락하는 분은 당신의 차종을 보고 싶다는 것입니다.

직장인에게 좋은 차는 사치가 아니냐고 얘기할 수도 있지만, 단순히 여자분 입장에서 좋은 차를 타는 남자가 더 능력 있고 멋져 보이는 건 사실입니다. 남자가 이상형으로 예쁜 여자를 만나고 싶은 것과 마찬가지로 여성도 차도 크고 뚜껑도 열리는 차를 탄 남자가 내 남자친구였으면 하는 바람을 가지는 것은 당연하답니다.

차 한 대 사지 못할 능력이면서 남자의 차량 유무나 차종을 따진다는 논리의 기준으로 접근하시면 남성분만 피곤해지고 아직 연애를 이해하지 못하는 겁니다. 차량이 없다면 알뜰하고 검소한 면을 어필할 수 있어야 하겠고, 차량이 있다면 여성이 원할 때 언제든지 데리러 가고 바래다줄 수 있는 남자라는 점을 각인시키며 점수를 획득하는 방법도 알아야 하겠습니다.

자신이 차량으로 이동하기가 편한 건 사실이지만 그녀에게 호감을 얻는 것이 우선이고, 당신과의 만남으로 인해 마음이 열리고 편해지기 시작하면 당신 차량의 옆자리는 어떤 이성도 탈 수 없는 그녀만의 자리가 될 것입니다. 그동안 조금 불편하더라도 그녀와 발맞추어 걸으면서 좋은 모습을 보여주시길 바랍니다.

> **TIP** 첫 만남에 내 애마는 휴식일!

RULE 10 : 헤어짐

어느 타이밍에서 헤어져야 할까!

드라마를 보면 남녀 주인공이 여성의 집 앞에서 사람 한 명 없이 둘이서만 함께하고, 멋지게 집으로 데려다 줍니다. 집 근처에서 조금 걷거나 공원에 앉아 다정하게 대화를 나누는 모습은 부럽기도 합니다. 집 앞에서 그녀를 끌어안거나 입맞춤을 하기도 하지만 현실은 그렇지 않습니다. 현실에서는 첫 만남에 집까지 데려다 주는 건 매너가 아니라 오버입니다. 세상이 하도 흉흉해서 여성들도 처음 만나는 남자에게 내가 사는 곳을 알려주고 싶지 않습니다. 아직 당신은 그녀의 연인이 아닙니다. 당신이 데려다 주었다 쳐도 집 앞이 아니라 집 근처에서 그녀가 당신을 보낼 것입니다.

첫 만남은 카페에서 마무리하고 집으로 향하셔야 합니다. 큰길이 나오면 적당한 선에서 그녀를 보내면서 반대 방향으로 빠지는 것이 좋습니다. 주말에 가장 붐비는 도심지역에서 함께 걸어 이동해야 하는 소개팅이었다면 생각만 해도 아찔합니다. 사람에 치이고, 어색함에 치이면서 그동안 멋진 모습을 보여주면서 올려놓았던 점수를 다 까먹게 됩니다.

그녀가 마음에 들면 함께 더 있고 싶은 마음에 맺고 끊기를 못하는 경우가 생깁니다. 그녀와 물리적으로 헤어져야만 하는 상황이 생길 때까지 졸졸 따라 갑니다. 차도 없고, 눈치도 없고, 센스도 없는 남자가 되어 버립니다. 지하철역으로 향하더라도 플랫폼까지 따라 들어가시면 안 됩니다. 늦은 시간이라도 같은 방향으로 함께 지하철을 타고 가는 일은 없길 바랍니다.

식사와 커피를 함께 했다면 2차까지 2시간 30분 내외에서 보내주도록 합시다. 함께 더 있는다고 해서 첫 만남에 점수가 더 올라가지 않습니다.

'오늘은 아쉽지만, 들어가 봐야 될 것 같네요(회사 및 부모님 핑계). 다음에는 더 좋은 곳으로 모시겠습니다, 꼭 연락드릴께요(헤어지고 바로 문자 하기: 다음에 꼭 보자는 간단한 내용).' 헤어진 후 당일 주고받은 문자는 안부 인사일 뿐입니다.

마음에 들면 바로 애프터 하시고 답문 여부에 따라 3일 이내에 연락하면 됩니다. 답문이나 전화를 받지 않는다면, 그것으로 깔끔하게 미련 없이 끝내면 됩니다. 그녀가 당신을 마음에 들어 한다면, 꼭 연락 준다는 말이 귓가에 계속 맴돌며 어떻게든 애프터를 받아들입니다.

반대로 당신이 그녀가 마음에 들지 않는 경우 피도 눈물도 없이 냉철하게 알아서 잘 하겠지만 그래도 끝까지 매너 있게 하시길 바랍니다. 마지막 음식점이나 카페에서 나와 갈림길이 나오면 "어떻게 가세요?"라고 물어본 후 적당한 선에서 그녀와 반대방향으로 빠지면 됩니다.

TIP 첫 만남은 적당한 선에서 끊는 것도 매너!

5장

타깃 변경하기

———

알면서도 잘 안 되는 것들 도전해보기

RULE 01. 썸타기

'썸녀'는 스킨십을 허락하지 않는다!

'썸'이란 말이 유행처럼 번져나가고 있습니다. 소유 & 정기고의 노래 '썸' 가사를 보면 남자 파트에서 '내거인 듯 내거 아닌 내거 같은 너'라고 말하며 언제든지 너는 내 것이 될 수 있다는 혼자만의 착각 및 자기합리화를 합니다. 그녀의 입장에서는 아예 너는 아니라고 단정 지었거나 이미 후보에 없을 수도 있습니다.

필자는 남자가 '썸 탄다'라는 말을 싫어합니다. 세상이 바뀌면서 남자가 많이 약해졌다는 증거이기도 합니다. 썸 타는 사이는 남자의 우유부단한 모습일 뿐입니다. 남자가 한 여자만을 바라보지 않는 게 용인되고, 거절당하는 것이 두려워 고백할 용기도 내지 않습니다. 최선을 다하지 않고, 간 보기만 하며 여자가 먼저 좋아한다는 신호나 말을 확실히 하기까지 기다리겠다는 겁니다. 언제부터 사귀는 것도 짜고 치는 고스톱이 되어버린 것인지 모르겠습니다.

자신이 거절당하면 상처받을 것을 미리 보호하기 위한 비겁한 변명이며, 남자의 자존심 때문에 썸 타는 사이가 많은 것을 여자에게 인기 많은 남자라고 착각하는 분도 많습니다. 심한 경우에는 소개팅이나 모임에서 여성이 눈을 맞추며, 자신을 보며 웃어주거나 맞장구 쳐주며 분위기가 좋았으면 자신을 좋아한다고 단정 짓고, 그녀와 썸타는 사이라고 자랑스럽게 말하는 남자도 많습니다.

여성의 입장에서 썸남은 스펙이나 능력 등을 봐서 버리기엔 아깝고 내 남자친구로 하기엔 조금 그런 상황인 경우가 많습니다.

썸(some)이란? '여러 명, 무리'를 말합니다. 말 그대로 주위의 여러 명 맴돌다가 끝입니다. 안타깝지만 썸녀는 당신에게 스킨십을 허락하지 않습니다. 당신의 성욕을 해결해주지 못할 뿐만 아니라 털끝 하나 건드릴 수 없습니다. 연애를 못 하고 썸만 타는 남자들을 살펴보면 이성에게 어필하기 위한 2%가 부족하거나 선택장애 및 우유부단하고, 심각한 경우는 본인이 어떤 사람을 좋아하는지 알지도 못합니다. 최선을 다해도 될까 말까입니다. 좋아한다고, 너랑 사귀고 싶다고, 고백하세요! 이것이 소통입니다! 무엇이 두려운가요?

고백이라는 당당한 용기에 분명 그녀는 고마워할 것입니다. 거절당하는 것은 당신을 한 사람의 어른, 완전체로서 인정한다는 것입니다.

100명의 썸보다 99명한테 거절당하되 1명의 여자친구가 더 낫습니다. 사람의 마음이라는 감정을 가지고 장난치는 행위인 '썸 타기'는 비겁한 변명에 불과합니다.

> **TIP**   SOME보다 ONLY ONE!

자신도 모르게 잘난 척과 허세가 나온다!

주선자의 도움으로 소개팅을 하는 경우에는 1차 서류면접에 통과한 상태에서 만남이 진행되기 때문에 당신의 직업이나 출신학교, 연봉 등의 스펙을 군이 말할 필요가 없습니다.

직장인 소개팅, 단체미팅, 동호회 등 주선자의 도움 없이 만남이 진행될 경우, 처음 만나는 자리에서 자기소개를 간단히 해야 하는데 여성분에게 오히려 거부감을 주는 잘난 척과 허세로 인해 점수를 깎아 먹는 실수를 하는 분들이 많습니다.

허세란, 자기소개를 할 때 자신이 하는 일을 부풀려 얘기하는 경우입니다. 있는 사실이 아닌 거짓으로 말할 때, 자신이 현재 가지고 있는 것이 아닌 집안 배경이나 주위 상황 및 앞으로의 일을 얘기하는 경우가 해당합니다.

예를 들어 땅이나 아파트를 가지고 있으며, 집안 배경에 대해 설명합니다. 또한, 자신이 회사에서 얼마나 중요한 사람인지를 강조하고, 앞으로 진급사항에 대해 늘어놓습니다. 상대 이성은 당신보다 소개팅이나 만남을 더 해본 고수라는 점을 명심하세요. 겉으로는 끄덕이며 동의하는 듯이 웃고 있지만 '실속 없는 사람이구나'라고 생각합니다.

잘난 척이란, 좋은 스펙을 갖춘 남성분이 자기 입으로 사실을 얘기하는 것입니다. 살짝 자아도취 되어 탄력받으면 "저는 ○○대학교 ××학과를 졸업하고 미국의 △△학교에서 MBA 과정을 마치고, 지금 여의도 □□증권에서 펀드매니저로 일하고 있습니다. 연봉은 어느 정도 되고, 서울 시내 어느 지역에 아파트가 있어 먹고 사는데 문제가 없습니다." 여기에 물론 혹하는 여성분들도 있겠지만, 직장인 여성이라면 '저렇게 잘난 남자가 나를 좋아할까, 분명 더 좋은 여자를 원할거야, 눈이 높겠네'라고 생각합니다. 흔히 말하는 이름만 들으면 아는 직장에 다니는 경우라면 간단명료할수록 좋습니다. "어떤 일 하세요?"라고 물어보면 "○○전자 책임 연구원", "이비인후과 의사", "법인소속 변호사", "7급 공무원입니다"라고 얘기하면 됩니다. 그렇지 않은 분들은 "IT 회사 경영팀", "외국계 회사 재무팀", "××이라는 컨설팅회사에서 마케팅을 담당하고 있습니다"라는 식으로 큰 그림만 보여주면 됩니다. 그러면 여성분이 "아~네…"라고 대답할 거랍니다. 그 다음 예의상 여성분께서는 "어떤 일 하시나요?"라고 물어봐 주며 다른 대화 주제로 넘어가면 됩니다.

괜찮은 남성일수록 겸손하며 자기의 스펙에 대해 잘 얘기하지 않습니다. 어차피 알게 될 거고 그 남자를 알아갈수록 '정말 괜찮은 남자'라고 느껴야 호감이 갈 테니까요!

TIP 자기소개는 간단명료하고 겸손하게!

RULE 03 : 직업과 직장

'비록… 부족하지만'이라고 말하지 않기!

직장이나 하는 일에 대해서는 간단히 말하고 자부심만 살짝 비추어주면 됩니다. 하지만 남자의 자존심 때문인지 하지 말아야 할 얘기를 너무 많이 합니다.

'비록 제가 부족하지만…', '비록 제가 돈이 없지만…' 뭐가 그렇게 부족하신지 한번 물어보고 싶습니다. 이 말을 던지고 뒤에는 장황하게 자신의 잘난 모습들을 나열하기 바쁩니다. 당신과의 만남 이후, 여성분은 딱 한마디 기억에 남습니다. '진짜 부족한가? 진짜 돈이 없나 보다'라고 말이죠. 현실을 버티게 해주는 자신의 직업을 뭐가 그렇게 부족해서 부정어를 달고 대화를 시작하시는지 그런 분들을 보면 안타깝습니다.

연애 컨설팅을 받는 분 중에 콜센터에 근무하는 남성분은 부드럽고 당당한 느낌으로 "저는 ○○고객센터에서 고객분들의 불만처리를 담당하고 있으며 고객들의 불평불만이 해결되어 행복해하실 때마다 제가 하는 일에 보람을 느끼며, 자부심을 가지고 있습니다"라고 말했습니다. 상대 여성분은 교사였는데 남자분을 굉장히 마음에 들어 하며 교제에 성공했습니다. "비록 저는 ○○고객센터에서 일하지만…"이라고 얘기했으면 그것으로 끝났을 것입니다.

자신이 회사에서 중요한 사람이고, 여러 가지 업무를 담당한다며 자랑스레 얘기하면 '중소기업에 다니니까 여러 가지 일을 하나 보네', 마케팅 관련이라고 하면 '영업하나 보네' 라고 알아 듣습니다.

이름을 들어본 대기업, 공기업, 공무원이 아닌 이상 당신이 하는 업무에 대해 여성분께 아무리 설명해도 못 알아들으며, 그냥 다 똑같은 회사원으로 받아들입니다. 직장인이라면 입사할 때 면접처럼 답변들 모두를 기억해서 그 사람을 선발하는 게 아니라 입사지원자의 태도와 자세를 보고 선택하는 것과 마찬가지랍니다.

직장명을 물어본다면 망설임 없이 바로 정확하게 밝혀주셔야 합니다. 그래야 거짓말한다는 느낌이 들지 않습니다. 이때 "검색하시면 저희 홈페이지도 나와요"라고 점수를 깎아먹는 얘기는 할 필요가 없습니다. 찾아보거나 찾아보지 않는 것은 여성분이 선택해서 직접 확인 할 일입니다. 직업이나 직장이 사회적으로 인지도가 없다고 해서 여성을 만날 때 주눅들 필요가 전혀 없습니다.

부정어를 쓰지 말고 간단명료하게, 하지만 하는 일에 자신감과 자부심이 있다는 느낌만 전달하면 여성분께 많은 점수를 얻을 수 있고 좋은 결과로 이어질 것입니다.

TIP 자신이 하는 일에 자부심을 가지고 당당하게 표현하자!

RULE 04 : 연애레슨

키스할 수 있는 외모의 여자와 레슨한다!

남자들은 소개팅에서 최선을 다하지 않는 분이 많습니다. 다음이란 없으니 그 상황에 매너 있게 할 수 있는 건 다해 보이는 게 좋습니다. 지속적으로 좋아한다는 티를 내며 너무 부담을 주어서는 안 되며 '다음에 만날 때 이렇게 해야지'란 생각은 하지 마시길 바랍니다.

자신을 좋아해주는 것을 싫어하는 여자는 없습니다. 남자가 잘해주고, 좋아하는 마음을 드러내면 여자는 한번은 더 만나볼까? 하는 생각이 들 거랍니다. 그런데 남자 입장에서 여자에게 최선을 다하지 않는다는 게 문제입니다.

이유를 살펴보니 남자의 놀부 심보가 나오는데 자신이 원하는 정도의 외모가 아니기에 이런 여자에게 돈 쓰고 시간 낭비 하기 싫다는 계산을 하기 때문입니다. 어차피 저녁은 혼자 먹어야 했고, 할 일도 없었다면 데이트 수업을 했다는 셈 칩시다. 여성분도 당신을 만나기 위해 화장하고 뭐 입을까 고민하며, 신경 써서 나왔습니다. 결론은 남자가 원하는 정도의 예쁜 외모가 아니라는 건데 키스나 스킨십하기도 꺼려지는 외모인지 곰곰이 생각해볼 필요가 있습니다.

보는 관점에 따라 다르므로, 예쁜 여자의 기준은 분명 다를 수 있습니다. 한 번쯤 그녀와 침대에서 시간을 보낸다는 생각을 해보고 상상이 된다면 최선을 다해보시길!

2번, 3번 만나다 보면 외모 외에 성격이나 취향 등 다른 것들이 보이기 시작합니다. 그녀가 마음에 들 수도 있고, 그녀와 지인 관계를 만들어 친구를 소개받을 수도 있을 것입니다. 그 이상의 수확을 얻을지도 모르며 그거 한방이면, 그 동안 투자한 돈과 시간이 아깝지 않아 할 수도 있습니다.

진짜 예쁜 여자를 만나면, 살짝 거부감이 들 수도 있고 당황할 수도 있습니다. 하지만 적당한 외모에 애교가 있고 리액션이 좋다면, 자신감을 가지고 데이트에 임해보시길 바랍니다. 물론 그녀의 마음을 가지고 장난치라는 것이 아닙니다.

편하게 만나다 보면, 직장인 여성의 생각에 대해서도 알게 될 것입니다. 그녀일 수도 있고, 진짜 마음에 드는 여자를 만나게 되면 더 좋은 결과를 이끌어 낼 수 있을 것입니다. 연애레슨이라고 생각해도 좋습니다. 키스할 수 있는 외모의 여자라면 최선을 다해봅시다!

TIP 붕어빵 찍어내듯 딱 그런 여자는 없다!

RULE 05 : 자기계발

———

나보다 연애스펙 좋은 여자를 만나보자!

세상은 공평해서 공부를 못하는 여자에게 예쁜 외모를 주셨다는 그런 말을 아직도 믿나요? 호랑이 담배피는 시절에는 그랬는지 모르지만, 지금은 엄연히 다른 거 다들 아실 겁니다.

엄친딸들을 보라! 요즘은 스펙이 좋아 연봉이 높은 여자들이 더 잘 꾸미고, 자기관리도 잘해서 현명하고 예쁘기까지 합니다. 사법연수원 졸업식 사진은 어김없이 인터넷 기사로 나오는데 외모가 출중한 분들이 많고 요즘은 병원에 가더라도 예쁜 의사분이 많습니다.

한 살이라도 어릴 때 자신보다 스펙이 높은 여자를 사귀어 볼 수 있도록 노력해봅시다. 아직 순수한 연애를 꿈꾸는 학생이거나 20~30대 초반 정도라면 시도해 볼만 합니다. 한번 사귀게 된다면 이 세상 모든 여자들을 마음대로 조종할 수 있을 것 같은 자신감이 생길 것이며, 올바른 연애 가치관이 형성되는 건전한 사고방식도 가질 수 있습니다. 남자들은 자신보다 어리고 스펙이 약한 여자를 만나는 것을 당연하게 생각하는 경향이 있습니다. 문제는 스펙이 좋지 않은 여자도 당신보다 능력이 뛰어난 남자를 원하는 데 있습니다.

현실적으로 그녀들이 스펙이 부족한 당신을 좋아하겠냐고?

물론, 힘든 부분이 많을 수 있습니다. 잘 되지 않더라도 그런 그녀를 좋아하게 된다면, 당신은 그녀에게 존경받는 남자가 되기 위해 부단히 노력할 것이며, 자기계발에도 분명 도움이 됩니다. 한번 준비해두면 추후에 어떤 여자를 만나더라도 유용하게 써먹게 될 것입니다. 본인을 다시 한 번 돌아보는 기회가 될 것이며, 자신이 중간 이상이라는 착각에서 잠시 벗어나 연애의 신 앞에 겸손해질 것입니다. 많이 놀아 본 여자는 시집을 잘 가지만 많이 놀았던 남자는 장가를 잘 가지 못한다는 불편한 속설이 있습니다.

우리가 사랑하는 예쁜 여자와 하루만 사는 것과 평생 함께 사는 것 중 어떤 선택을 하시겠습니까?

지금부터 자신이 만날 수 있는 최상위 여자를 목표로 자기계발 및 경제적으로도 여유를 가질 수 있게 부단히 노력해봅시다. 학창 시절 급훈이 '10분 더 공부하면 마누라가 바뀐다'라는 말을 뼈저리게 느낍니다. 남자가 준비되어 있으면, 결국 여자가 저절로 오게 되어 있습니다. 자기계발도 하지 않고, 자신의 있는 그대로의 모습을 좋아해 주는 사람도 있을 겁니다.

다만 예쁜 여자 타령은 하지 않길 바랍니다.

> **TIP** 예쁜 여자와 평생 살고 싶다면 끊임없는 자기계발은 필수다!

RULE 06 : 상대의 매너

영혼 없는 눈빛과 리액션에 속지 말자!

여성은 학창시절에 한 번쯤 서비스 업종에 아르바이트해 본 경험이 있거나 실제 직업으로 종사하고 있는 분들도 많습니다. 교육을 받으면서 누차 듣는 얘기가 '고객과 눈을 맞추어라'라는 눈 맞춤 서비스입니다.

단아하고 예쁜 외모까지 갖춘 눈 맞춤 서비스의 최고봉은 단연 스튜어디스입니다. 소개팅으로 스튜어디스를 만나면 남자들은 대부분 자기를 좋아한다고 철석같이 믿는 경향이 많습니다. 이유를 알아보니, 여성스럽고 단아한 외모의 그녀가 자신과 눈이 마주치면 피하지 않고, 눈꼬리는 내려가며 눈웃음과 함께 미소로 입은 활짝 열립니다. 이런 모습에 녹아나지 않는 남성분은 없을 겁니다. AOA 설현의 여성스러움, 소녀시대 윤아의 사슴 같은 눈망울, 티파니의 눈웃음에 쓰러지지 않을 남자가 누가 있을까요? 달콤한 눈빛에 금방이라도 사랑에 빠질 것 같습니다. 하지만 문제는 진정 나만을 좋아해서 발사하는 눈빛인지 알 수가 없다는 것입니다.

요즘은 눈을 크고 예쁘게 하기 위한 쌍꺼풀 수술도 있지만 눈 밑

애교살을 만드는 성형도 있습니다. 눈동자가 맑고, 초롱초롱하다면 십 중팔구는 미용 렌즈를 착용한 것입니다. 시력교정수술을 하고 나서도 포기하지 않습니다. 눈동자 색이 살짝 다르고, 당신을 응시는 하고 있으나 움직임이 보이지 않는 것을 확인할 수 있습니다. 이러한 영혼 없는 눈 맞춤에 당신을 좋아한다고 착각하지 않으셨으면 합니다. 또 하나는 리액션에 무조건 넘어가지 않길 바랍니다. 소개팅에서 긴 시간 대화가 잘 이루어졌고, 웃음도 서로 많이 주고받았기에 그녀와 잘 맞는 것 같다고 생각합니다. 하지만 그녀에게 애프터 이후 감감무소식일 경우가 있습니다. 당신이 매너있게 식사와 커피값을 지불하는 대신 그녀의 서비스를 받고 있는 거라고 생각하면 마음이 편합니다. 세상이 흉흉하다 보니 좋은 게 좋은 매너 만남을 하는 것뿐입니다.

첫 만남에 당신과 오랜 시간을 함께하는 여성은 당신을 더 알아보기 위함일 뿐입니다. 사귀기에는 어정쩡한데 두 번, 세 번 보는 게 귀찮고 싫어서, 한번 예쁘게 하고 나갔을 때 조금 더 함께하면서 최대한 그에 대해서 알아보려는 여성들도 많습니다. 남자가 소개팅 장소에 그녀가 문을 열고 들어오는 순간 결판나는 것과 같은 현상입니다. 이미 그녀의 마음속에는 당신이 없던 것입니다.

당신을 바라보던 사랑스런 눈빛, 촉촉한 눈망울, 나의 썰렁한 대화에도 미소 지으며 맞장구 쳐주는 그녀의 리액션, 자신의 마음만 생각하지 말고 상대의 진심을 빨리 파악할 수 있어야 합니다. 소개팅 경험이 많아지면 자연스레 알게 되기도 합니다.

TIP   사실(FACT)과 진심(TRUTH)을 구분해야 한다!

RULE 07 : 외모진화론

여자의 외모는 진화와 변신을 거듭한다!

여자의 변신은 무죄라는 말이 있습니다. 여대생들을 보면, 1학년 때 그렇게 촌스럽던 모습이 졸업할 때쯤이면 진화해서 숙녀의 모습으로 거듭난 것을 많이 볼 수 있습니다. 애벌레가 번데기를 거쳐 화려한 나비로 변하듯 소녀에서 여성으로 변신을 거듭 중인 것입니다.

요즘은 취업에서도 외모가 경쟁력이 되기 때문에 예뻐지는 노력을 게을리할 수 없습니다. 우선, 다이어트는 기본, 안경을 벗고 시력 교정수술을 받고, 치마는 점점 짧아지고, 헤어스타일과 화장도 이랬다저랬다 바꾸어 보며, 자신에게 가장 잘 맞는 것으로 찾아가는 과정을 거칩니다. 방학 때는 옵션으로 눈과 코는 기본, 턱은 선택이라고도 합니다.

대학생의 경우 남자 복학생들이 예쁜 새내기 여학생과 사귀는 경우를 더 많이 보았을 겁니다. 군대 내에서 오직 여자만 연구, 생각하다 보니 여성을 보는 선견력 및 선구안이 좋아졌기 때문입니다.

뮤지컬 '그리스'를 보면 여자 주인공 샌디가 처음에는 청순하게 나오지만, 남자친구 대니의 취향에 맞추기 위해 180도 다른 섹시한

여자로 변신합니다. 요즘 '마녀사냥'이라는 프로그램의 유행어인 '낮
져밤이'의 대표적 케이스입니다.

남자는 직장을 들어가면, 잦은 술자리 등으로 자기관리를 하기
어려워지면서 배가 나오기 시작하고, 교복 같은 의상과 함께하며
패션 테러리스트가 되어가는 경우가 많습니다. 하지만 여자는 유행
하는 의상, 헤어스타일에 뒤처지지 않아야 하고, 나이가 들어가면
늘어 보이지 않으려고 온갖 방법을 총동원합니다. 남자는 귀찮아
서 자기관리에 그냥 손 놓아 버리지만, 여자는 늘 예뻐지기 위해 노
력합니다. 어린 여자만 찾는 남자분들이 참조하실 내용이라면 여
자는 30대가 되면 경험이 많아지고, 옷은 더 좋은 브랜드, 더 좋은
화장품으로 세련미와 성숙미까지 갖추게 됩니다. 40이 되면 가장
여성 호르몬을 많이 발산하는 매혹적인 모습으로 멋있어 보이는 나
이가 됩니다. 머리를 묶고 풀어헤치고, 아이라인을 그리고 안 그리
고, 립스틱을 바르고 안 바르고 등의 아주 미세한 차이지만 정말 달
라 보입니다. 주위에 괜찮은 여자가 있다면 여러 가지 모습을 상상
해보세요!

당장 보이는 모습이 전부가 아닙니다. 그녀가 보이는 모습과 달리
당신이 원하던 '낮져밤이' 스타일 일수도!

TIP 여자는 오늘보다 내일 더 예뻐지고 싶어한다!

RULE 08 : 나이 ①

20~32세까지, 여성의 생각을 읽어보자!

당신이 20대 중후반에 취업에 성공했다면 대학생도 한 번 공략해 볼만 하지만 처음 접하는 직장생활이 만만치 않기에 새로운 사람을 만나려는 여유도 생기지 않고, 이제 조금은 세련되고 성숙한 직장인 여성을 만나고픈 생각을 하게 될 거랍니다. 하지만 당신의 생각은 틀렸습니다. 선구안이 있어 20대 초중반을 공략했다면 의외로 쉽게 소정의 성과를 올렸을 수도 있습니다. 아직 여자 대학생이거나 취업준비생에게 가장 큰 고민거리인 취업을 했다는 사실과 함께 제복과도 같은 정장 입은 모습, 무언가 갖추어져 있고 경제력이 있다는 사실이 굉장히 매력적으로 다가올 수 있습니다.

여자 나이 20대 중후반의 공략이 힘든 이유는 직장생활 3년차 전후로 신입사원을 넘어서 대리급이 되고 경제력이 생깁니다. 아직은 자신한테 투자를 더 원하고 해외여행도 다니며 자기가 하고 싶은 건 다 해보고 싶어 하는 호기심 많은 나이입니다. 또한, 아직 20대이고, 내 외모가 당신을 만나기엔 아깝다는 생각을 가지기도 합니다.

여자 나이 30~32세가 되면 가장 혼란스러운 나이입니다. 남자 30세와 여자 나이 30이 느끼는 차이는 어마어마하게 큽니다. 이때 결혼에 대해 진지하게 한 번쯤 생각해보게 되고, 주위에서 하나둘씩 결혼 소식이 전해져 오기도 합니다. 나보다 못한 친구가 더 좋은 곳에 시집가는 것도 속상한데, 30세가 되는 동안 모아 둔 돈도 없고, 연애를 잘한 것도 아니며, 집과 직장에서의 눈치나 압박으로 인해 결혼에 대한 부담을 크게 가지는 시기이기도 합니다.

그래도 이 나이 때에 외모가 조금 괜찮다고 생각되는 여성이라면 주위에 결혼하자고 따라다니는 남자 1~2명쯤은 있습니다. 공략하는 남자들은 이 생각을 전혀 계산에 넣지 못하고 있습니다. 그 사람을 비교, 대조 기준으로 소개팅에 나서며 더 조건이 괜찮은지 아닌지 등의 판단을 하는 시기가 30~32세까지이며 남성의 직장이나 직업 같은 스펙을 최우선으로 생각하는 나이입니다. 그래서 남자 입장에서 공략하기 어려운 점이 많습니다.

> **TIP** 비교, 대조군의 남자보다 더 멋진 모습으로!

RULE 09 : 나이 ②

33세 이상, 여성의 생각 및 공략법!

여자 나이 33~37세가 남자 입장에서 공략하기 가장 쉬운 나이입니다. 하지만 남자들이 나이가 많다고 잘 만나려 하지 않는 게 문제입니다. 이 연령대의 여성분들은 결혼하려는 노력을 한 번쯤 해봤습니다. 결혼정보회사나 주위 지인의 소개 등, 별의별 거 다 한 번씩 해보았기에 웬만큼 자신이 생각한 남자가 아니면 만나보는 것 자체를 귀찮아하기도 합니다. 남자보다 직장생활이 더 빠르기도 하기에 아쉬울 거 없고, '혼자 살 수도 있지'라는 생각으로 연애나 결혼에 대해 무감각해지기도 합니다.

필자가 99.9% 장담할 수 있는 것은 이 시기 여성들의 하나같이 공통된 생각은 남자 나이가 아무리 많아도 최대 38세까지를 마지노선으로 두고 있다는 점입니다. 그래야 올해 만나 연애를 하고 내년에 결혼해도 남자 나이 40을 넘기지 않는다는 계산을 할 수 있습니다. 그런데 문제는 33~38세의 남자들은 가능하다면 20대 후반, 그래도 30~32세까지의 30대 초반을 만나고 싶어합니다. 사람마다 차이는 있겠지만 직장인 싱글남들이 선호하는 '조금 괜찮은 외모에 나를 이해하고 배려해주는 여자'는 33세 이상의 나이대에 많기도 합니다.

어느 정도의 직장생활과 세월로 인해 눈치와 센스가 있고, 남자도 만나봤기에 남자에게 대하는 태도가 완전 깍쟁이처럼 까다롭지만은 않을 수 있습니다. 38세 이상의 여성들은 이제 진짜 마지막이라는 생각에 굉장히 적극적으로 변합니다. 남들 다하는 결혼, 부모님의 연령도 신경 쓰이고, 삶의 동반자를 찾습니다.

물론, 모든 걸 내려놓지는 않습니다. 나이 차이가 많이 나지 않고 연령대가 비슷한 걸 좋아하겠지만 40대 중후반까지도 수용할 의사가 있습니다.

TIP 요즘 나이는 숫자에 불과할 때도 있으니, 타깃을 달리해 보는 것도!

RULE 10 : 여자직업

———

교사, 공무원과 잘 되기 어려운 이유!

유독 경찰, 소방 공무원분들 중에서 여자 정교사나 공무원을 선호하는 분들이 많습니다. 자신이 공무원이다 보니 복지 등에 대해서 여성의 직업으로 괜찮다고 생각하는 것 같습니다. 경찰, 소방공무원 시험의 경쟁률도 높고, 수당 등 연봉도 높아 자부심이 대단합니다. 그래서인지 같은 공무원이라는 직업군으로 사회적인 포지션이 비슷하다고 생각하는 것 같은데 여성분들의 생각은 조금 많이 다른 것 같습니다.

아직도 사회적으로 경찰, 소방, 군인은 위험한 직업군 중 하나이고 출퇴근이 명확하지 않고 교대근무를 한다는 것도 여성에게는 부담이 될 수 있는 게 사실입니다. 경찰, 소방공무원 시험 합격이 되어버리면 학업을 그만두는 경우가 많은데, 먹고 사는 문제로만 보면 현명한 선택일 수도 있습니다만 최종 학력은 고졸이 됩니다.

여자는 자신보다 연애 스펙이 낮다고 생각하면 만나지 않는다는 건 누구나 아는 공공연한 사실이기에 학창시절 공부한 정도의 학력, 학벌의 차가 크다고 생각합니다. 요즘 교사들은 대부분 대학원까지 공부하는데, 상대적으로 전문대 및 지방대 출신도 부담이 되는 것은 사실입니다. 교대는 말할 것도 없고, 대학마다 사범대는 점수도 높고, 의약대와 함께 보통 전과가 되지 않는 단과 대학 입니다. 사범대에 가지 못했다면 학과 내 상위 3~5% 내에 들어야 교직 이수를 할 수 있으며, 그렇게라도 안 되면 교육대학원을 가서 임용 자격을 얻어 시험을 보게 됩니다. 음악, 미술, 윤리, 체육교사의 경우 각 도에서 1명을 뽑거나 뽑지 않는 해도 있을 수도 있고, 상담, 컴퓨터, 영양, 사서, 보건교사는 없는 학교도 많아 합격하기 어렵습니다. 초등학교 내 유치원교사는 유아 임용에 합격한 국립 유치원 교사라는 것을 꼭 붙여서 말합니다. 사립 유치원 교사들과는 다르다는 것을 강조하고, 자부심이 대단합니다. 여자 공무원이라면 자기보다 급수가 높아야 하는 것은 당연합니다.

그녀들은 보수적이고 스마트한 걸 좋아하는 특성이 있기에 무지해 보이는 뉘앙스나 문자 맞춤법, 띄어쓰기 틀리기, 기본적인 교양과 상식을 잘 모르는 것을 엄청 싫어합니다. 하지만 교사와 공무원도 여자이기에 외로움을 잘 공략한다면, 좋은 결과로 이어질 수도 있으니 만나게 되면 최선을 다해보시길 바랍니다!

TIP 예쁜 여자 교사, 공무원을 만난다면, 300% 쏟아내 보시길!

6장

연락하는 방법

————

소개팅 전후 문자, 전화, 카톡

전화번호를 받으면 바로 전화해라!

처음 이성을 소개받고 연락처를 받으면 살짝 설레거나 떨리기도 합니다. 어떻게 해야 할지 망설여지기도 하고 오늘 아니 내일 전화를 해야 하는 건지 문자나 카톡을 넣어야 할지 고민이 됩니다. 연락하는 것부터가 시작입니다. 절대 간과해서는 안 됩니다. 주선자나 지인, 커플매니저를 통해서 상대 이성을 소개받고 연락처가 교환되면 바로 전화를 해보길 바랍니다. 간혹 연락처를 받고 나서 며칠 후 전화나 문자를 하는 분도 있는데 이런 경우 소개팅을 포기하는 것과 마찬가지입니다. 중간에 주선자는 남성분과 여성분 서로 동시에 연락처를 교환해 주기 때문에 당신이 소개받을 이성의 프로필과 연락처를 받았다면 여성분 또한 당신의 것을 받게 됩니다. 그리고 연락을 기다리고 있습니다. 연락처가 교환되는 순간 소개팅은 시작된 거랍니다. 그녀의 목소리에서 느껴지는 어조, 어감, 어투를 들어보면 그녀의 성격이 어느 정도는 가늠되실 겁니다. 이때 물 한 모금 마시고 목을 촉촉하게 축이고 아랫배에 힘주시고, 최대한 좋은 목소리로 정중하게 전화를 걸되 목소리를 일부러 깔지는 마십시오.

자칫 느끼하게 느껴질 수 있습니다.

소개팅 여성은 태어나서 당신이라는 사람과 처음 접촉을 하게 되는 순간입니다. "안녕하세요, ○○씨 맞으신가요? 소개받은 ××라고 합니다"라고 인사하시면 됩니다.

그 다음 처음 만날 날짜, 시간, 장소를 정하셔야 합니다. 서로 만남의 일시와 장소가 타협이 잘 안 될 수도 있는데 이때 짜증내지 말고 최대한 양보하면서 좋은 모습으로 부드럽게 넘어가셔야 합니다. 그리고 마지막 멘트를 "만나기 전에 연락 한번 드리겠습니다. 그때 뵙겠습니다"하고 마무리하면 됩니다. 가장 많이 하는 실수가 만나기 전 연락을 주겠다고 해놓고 연락을 안 하는 분들이 많습니다.

요즘은 사귈 때도 '오늘부터 1일'이라는 것을 명확하게 하고 사귀는 시대입니다. 만남 전날 문자에는 날짜, 시간, 장소를 포함하여 한번 보내 주시길 바랍니다. 만에 하나 약속을 변경하거나 펑크가 나더라도 증거로 남길 수 있습니다. 만남 당일 오전에 '오늘 약속 잊지 않으셨죠? 조금 뒤에 뵙겠습니다' 이런 문자 한 통 넣어준다면 당신이 그녀와의 만남을 얼마나 중요하게 생각하는지, 당신이 얼마나 진중하고 배려하는 사람인지, 그녀는 만나기도 전에 당신을 신뢰하고 소개팅에 임할 것입니다.

> **TIP** 연락처를 받는 순간부터 소개팅 시작이다!

컬러링만으로 성향을 알 수 있다!

소개팅 전 전화를 해서 서로의 만남 일정을 정하라고 하는 또 다른 이유는 그녀의 컬러링을 확인해보라는 겁니다. 컬러링만 들어봐도 어떤 사람이고, 좋아하는 취향 등 몇 가지 정보는 확인할 수 있습니다. 직장인 여성분이라면 사회적 위치가 있어 상대방에게 전화가 걸려올 것을 대비해서 컬러링을 아무렇게나 해놓지는 않습니다.

예를 들어 컬러링을 아무것도 정해 놓지 않는 분은 튀는 것을 싫어하고, 신중하거나 조심스러운 성격의 분들이 많으며, 통신사 벨, 자연의 소리가 들리는 여성분은 연애 센스와 경험이 적은 분일 수 있습니다. CCM이라면 교회를 나가는 분일 거랍니다. 회사의 방침에 따라 출근 시간부터 퇴근 시간까지 회사 컬러링으로 정해져 있는 분도 있는데 이럴 때는 컬러링에 대해서 얘기하지 않는 것이 좋습니다. 당신이 아니더라도 이미 많은 사람이 컬러링에 대해 한마디를 했을 거고, 자기 회사 컬러링을 좋아하는 사람 거의 없습니다. 컬러링이 팝송이라면 그 노래에 대해서 한번 검색하시어 살펴보서야 합니다. 잘 모르는 노래인데 리드미컬한 곡이면 그 여성분은 자신만의 색깔이 있고 세련된 분위기를 가지고 있는 경우가 많고, 최신 벨 소리 순위권에 있는 팝송이라면 유행에는 뒤처지기 싫지만 가요는 싫어하는 성향이 있습니다. 클래식으로 해 놓은 분들은 학부모들과도 연락을 해야 하기에 주로 교사인 경우가 많고, 최신곡으로 해 놓은 여성분은 패션 및 서비스 업종으로 남의 눈치를 많이 보지 않는 직업군일 수 있습니다. 최신 영화나 드라마 OST의 경우, 최근 가장 큰 관심사를 가지고 있는 분야이기에 미리 그 영화나 드라마에 대해 소개팅 전 한번 숙지하시면 좋을 것 같습니다.

보통은 발라드곡이 많을 텐데, 자신의 심정을 대변할 수도 있고, 과거에 크게 한번 지나간 기억에 남는 일로 인해 정해놓은 벨 소리이기에 여성분과 떼려야 뗄 수 없는 그녀를 대변하는 곡일 수 있습니다. 그 노래에 대해서 한번 살펴보시고 나간다면, 소개팅에서 대화하실 때 컬러링의 곡만으로 오랜 시간 대화를 나눌 수도 있고 공감대를 얻을 수 있는 좋은 아이템으로도 사용할 수 있습니다.

TIP 그녀의 컬러링을 들어보자!

RULE 03 : 소개팅 전 문자

한 통으로 당신의 인품이 보인다!

첫 만남 상대는 조심스럽게 다가가야 합니다. 서로 살아온 배경이나 환경이 완전히 다른 사람이 평균 30년을 기점으로 생전 처음 만나는 사람입니다. 그녀와의 처음은 정중하게 전화가 먼저입니다. 연락처를 주선자로부터 받고 나면 전화로 간단히 "안녕하세요, 소개받은 홍길동이라고 합니다. 이번 주말 시간은 어떤지요?" 그 다음에 서로 할 말이나 내용 전달에 있어 간단히 문자를 넣는 것이 좋습니다. 여성분이 부담스러울까 봐 문자나 카톡을 먼저 한다고 하는데 직장인 남성이라면 자신감 결여되어 보이고 예의 또한 갖추지 못해 보입니다. 문자를 할 때 주의사항을 봅시다.

첫 번째, 표준어를 정확히 써야 합니다. 맞춤법을 틀리고 글씨가 다 깨지며, 띄어쓰기가 없으면, 처음부터 비호감입니다. 인터넷 용어나 말 줄임도 반감입니다. 한글도 제대로 못 뗀 것 같고, 내가 존경 할 수 있는 사람이 아니라고 생각합니다.

두 번째, 남자가 먼저 'ㅋㅋ' 또는 'ㅎㅎ' 쓰지 말 것.

이 표현은 친한 사이에 쓰는 표현입니다. 당신은 그녀의 친구가 아닙니다. 받아들이기에 따라 비웃는 것 같이 느껴질 수도 있습니다. 만약, 여성이 먼저 말끝에 'ㅋㅋ'를 썼다면, 본인이 답을 하고 말 뒤에 'ㅋㅋ'를 똑같이 쓰면 됩니다. 거울 효과로 친근감을 표시하는 것입니다. 문자에서는 뉘앙스가 없기 때문에 조그만 농담에도 반응이 천차만별일 수도 있고, 오해의 소지를 남기기 쉬우니 문자를 보낼 때는 한 박자 늦추어 고민하시고 보내시길 바랍니다.

세 번째는 문자 내용을 한자씩 꼼꼼히 읽어보고 무슨 뜻인지 한 번 생각해보시길 바랍니다. 남자들은 문자를 받으면 스팸처럼 대충 의미 없이 보는 경우가 많습니다. 분명히 뜻을 전달했는데 또 질문하거나 의미를 모르는 남자들이 꽤 많습니다. 또한, 문자를 보고 나서 삭제하지 마세요. 그녀가 보낸 문자가 어디 있는지 몰라서 한참을 찾는 남자도 많고 습관으로 문자를 지운다고 하는데 그녀에게 관심이 없다는 것처럼 보이며, 바람피우는 남자들의 특징이기도 합니다. 문자 보내는 뉘앙스와 직접 만났을 때 대화에서 매치가 안 되는 사람도 첫인상이 나빠집니다. 진정성 있고 일관성 있는 모습을 보여주어야 여자가 신뢰합니다.

글이란 당신의 생각을 글자로 남기는 것이기에 평소 당신이 가지고 있는 가치관, 논리, 인품이 전달되는 것입니다. 그래서 문자 한 통이 더 중요하게 느껴집니다.

TIP 문자 한 통에 그녀가 당신을 선택할 수도 있다!

직장인 소개팅에서 카톡은 금지!

어린 친구들이나 대학생의 경우, 쉽게 만나고 쉽게 헤어질 수 있기에 카톡으로 연애를 시작해도 무관하지만, 직장인의 만남에서 카톡을 하게 되면 잃는 것이 더 많습니다. 여성분의 연락처를 저장하면서 카톡의 프로필 사진을 보려고 확인하는 순간, 카톡이 뜨지 않아 의심하는 이상한 생각은 하지 않길 바랍니다. 직장 내에서 필요치 않은 일을 시킬 수도 있고, 실시간으로 오는 카톡 알림 소리의 불편함으로 인해 사용하지 않는 사람도 많습니다.

스마트폰에 약하거나 주위에 사람들이 있어 답을 못할 사정이 있을 수 있어 자신도 모르게 읽고 무시하는 분도 많으니 화부터 내지 않길 바랍니다. 오히려 카톡을 자유자재로 다루면서 일부러 읽지 않고 한참 뒤에 확인하는 여우 같은 여자를 조심하셔야 합니다.

카톡은 문자와 달리 실시간 대화를 나눕니다. 생각할 시간이 적고 바로 말을 쏟아내야 하기에 실수할 확률이 크며, 서로가 기분이나 감정을 담아 표현하지만, 말의 뉘앙스가 없어 어떤 부분에서 잘못하는지 알기 힘듭니다. 한번 내뱉은 음성의 말도 기억하는데 하물며 글로 써서 보내는 카톡은 확실한 증거가 되어버립니다. 또한, 당신이 그녀를 놓지 않기에 어느 시점에서 마무리를 해야 할지 여성분 입장에서도 많이 어렵습니다. 카톡으로 친한 척하지 않길 바랍니다. 아직 만나지도 않았는데 첫 만남이 어색할까 봐 그녀를 웃게 해주려고 썰렁한 개그나 아는 척은 금물입니다. 또한, IT 시대에 글쓰는 일이 많이 없고, 독서량이 부족하다 보니 논리가 부족한 글이나 맞춤법이 다 틀리는 것도 여성들이 싫어합니다. 아직 친한 사이가 아니기에 말끝에 'ㅋㅋㅋ', 'ㅎㅎㅎ'와 이모티콘을 사용할 단계도 아니랍니다. 카톡으로 말을 걸면 아직 잘 모르는 사람이 자신의 전화번호를 저장했고, 아는 척하는 것 같아 기분이 좋지 않을 수 있습니다. 자신의 카톡 프로필 사진 및 카카오 스토리를 확인했다고 보기에 부담스러워 합니다. 연인으로 발전하기 위해서는 서로 만나서 마주 보며 대화를 나누고 분위기와 감정을 동반해야 합니다. 서로의 생각과 가치관이 다른 사람이 처음 만나 소개팅을 하게 되는데, 글자로 미리 많은 내용을 주고받아서 자신에 대한 편견을 가지게 만들어 좋지 않은 인상을 주는 어리석은 일은 하지 않기 바랍니다.

> **TIP** 소개팅 전 카톡은 하지 마시길! 백해무익!

RULE 05 : 소개팅 전 SNS

과거는 깔끔하게 지워라!

많은 직장인들이 사진을 찍고 편집해서 올려야 하는 관리의 번거로움이 있어 학창시절과 달리 SNS를 잘 하지 않게 됩니다. 남성분이라면 더 안 하게 될 겁니다. 그런데 소개팅이 성사되어 프로필을 알게 되면 가장 먼저 그녀의 정보 수집에 나서게 될 겁니다. 그래서 카톡의 프로필, 인스타그램, 페이스북을 뒤져 보기도 합니다.

그녀 역시 남자분이 궁금합니다. 그녀는 당신이 생각하는 그 이상으로 정보수집에 강합니다. 특히, 소개팅 전 전화나 카톡으로 주고받은 내용, 만나고 나서 당신이 언행일치가 안 된다거나 스펙, 직업, 직장 등이 의심스러우면 더 알아볼 거랍니다. 예를 들어 고학력, 고스펙인데 알아야 할 것들을 모르거나 생각했던 것과 다른 부분이 있을 경우, 여성분은 레이더를 가동하게 됩니다. 직장인이 되어 현재 짝이 없는 싱글남이라면 SNS 청소가 필요합니다. 많은 남성분들이 이런 부분을 간과하거나 과거의 추억이라 생각해서 사진이나 프로필 등을 그대로 두고 있는 경우가 많은데 추후에 이런 부분으로 인해 문제가 되는 경우가 많이 발생하고 있습니다. 당신의 실생활에 드러나는 모습, 습관이나 취미 및 관심사가 공개되며 지인이나 친구의 모습을 알 수 있으며 인간관계도 확인이 가능합니다. 과거의 여자친구와 찍은 사진들이나 여자 사람 친구도 문제가 될 수 있습니다. 일상생활인데 비호감적인 모습, 꼬리 잡힐 사진이나 상대를 비방하거나 욕설이 많다면 충분히 문제가 될 수 있습니다. 문제는 당신의 SNS를 보고 나서 더 호감을 가지는 게 아니라 더 비호감을 가지게 된다는 것입니다. 사람의 심리상 SNS를 살펴보고 그 사람의 장점을 찾기보다는 단점을 찾는 쪽으로 기울게 되며, 자신과 맞지 않는 부분이 있나 없나 살펴보게 되기 때문입니다.

소개팅 전에 여성분이 갑자기 만남을 하지 않겠다고 하거나 만남을 가졌을 때 분위기도 좋았고 괜찮았다고 생각했는데 거절을 당하거나 갑작스레 연락이 끊길 수 있습니다. 이때 답답한 것은 그 이유를 명쾌히 알 수 없다는 것입니다. 만약, 당신의 SNS에 '어떤 부분이 마음에 걸린다'거나 '여자와 다정한 사진 때문에 싫어요'라고 한다면, 친절하게 그 이유를 설명해 주는 여성분은 아무도 없으며, 당신에게 어떤 변명의 기회도 주지 않기 때문입니다.

개인정보 보호를 위해서라도 자신이 사용하지 않는 SNS 점검이 한 번쯤 필요합니다.

TIP 시간 내서 사용하지 않는 SNS를 정리한다!

RULE 06 : 소개팅 후 문자

기상청 문자는 이제 그만!

주말 소개팅을 하고 나서 연락이 되는 그녀, 이번에는 잘될 것 같기도 하고, 마음에 드는 그녀인지라 잘해보고 싶은 생각이 굴뚝 같습니다. 그리고 맞이하는 월요일, 그녀를 위해 무언가 해주고 싶은데 딱히 생각나는 게 없습니다. 보통의 남자들은 소개팅 이후 맞이하는 월요일, '아침에 출근은 잘 하셨나요?', '점심 맛있게 드세요'라면서 약간의 관심과 애정 표현을 합니다. 그리고 오후 3시쯤 '월요일이라 많이 피곤하시죠? 쉬엄쉬엄 하세요. 오후라 피곤할 텐데 커피 한 잔하고 일 하세요'라고 문자를 보내고, 저녁에는 '퇴근 잘하셨나요?'라고 이모티콘까지 함께 보내주는데, 매시간마다 알려준다고 해서 '기상청 문자'라고 합니다. 그녀가 당신의 문자에 답을 하지 않거나 늦을 경우, 서운한 표현을 한다거나 재촉하면 안 됩니다. 본인의 작전상일수도 있지만, 실제 바쁜 일과 때문에 하루나 이틀은 건너뛰고 문자를 보낼 수도 있습니다.

문자를 보내는 이유가 무엇인가요? 그녀에게 당신이 호감이 있다는 마음이 조금이라도 전달되기 위한 몸부림입니다. 노력하는 모습이 전달되길 바라며 잘 보이고 싶기 때문입니다. 그런데 이미 여성분은 당신이 자신에게 호감이 있다는 것을 알고 있습니다. 그래서 문자는 달콤한 멘트랍시고 몇 번 날리는 것보다 보내기 시작했다면 사귀기 전까지는 어떻게든 꾸준함이 가장 중요합니다. 기상청 문자도 하루 이틀이지 3일째부터는 내용이 떨어져 반복되는 식상함을 깨뜨려 주는 것이 좋습니다. 평균적으로 1주일에 한 번씩 주말에 만나기 때문에 소개팅 이후에 2번째 만남은 빠를수록 좋지만 어쩔 수 없는 경우, 다음 만남까지 매일 다른 요소를 첨가해 주면 이 사람과는 함께해도 늘 새롭고 신선하다는 느낌을 받는다고 합니다. '오후라 피곤하실 텐데…' 라는 문자를 보낼 거라면 말만 하지 말고 커피 기프티콘을 하나 보내세요. 감사하다는 긍정의 문자가 바로 올 것입니다.

정각마다 연락하면 너무 답답하고 정확한 사람으로 보거나 예약 문자 걸어 놓았다고 생각할 수 있으니 매일 조금씩의 차이를 두시길 바랍니다. 이모티콘도 아직은 사용하기에 부담이 있고, 너무 늦은 시간에 문자를 하거나 '잠'과 관련된 인사도 아직은 이릅니다. 문자 한 통이라도 무턱대고 보내지 말고, 단어 사용 하나에도 조금 고민하여 세련된 멘트를 구사해보길 바랍니다.

TIP 문자로 당신의 센스를 보여줘라!

RULE 07 : 소개팅 후 전화

———

짧지만 매일 같은 시각에 하는 것이 좋다!

소개팅 후 잘 들어갔냐고 전화를 하게 되면, 받거나 아니거나 둘 중 하나입니다. 약속이 있어 전화를 못 받았다면, 친구와 함께 있어 수다나 술자리일 수 있고, 영화를 보고 있을 수도 있으니 만남 당일 전화 연락이 안 된다고 흥분하시면 안 됩니다. 그럴 때는 간단히 '잘 들어가셨는지 궁금해서 전화 드렸습니다' 정도로 문자 한 통 남기시면 됩니다. 문자 답이 하루가 지나도 오지 않으면 당신에게 완전히 관심이 없는 것이고 문자가 오면 최소한 당신이 싫다는 건 아니지만 안심하기에는 이릅니다. 소개팅 후 만남 당일 전화를 받는다면 당신에게 호감이 있다는 것입니다. 못다한 얘기를 조금 더 해도 좋고, 애프터가 약했다면 바로 다음 만남 날짜를 잡으시길 바랍니다. 빠르면 빠를수록 좋은데 서로의 일정을 맞추려고 평등한 입장에서 서로 호감이 있다고 생각하시면 안 됩니다. 남성분께서 더 좋아하고 있다는 가정하에 자신의 스케줄은 조금 무리해서라도 여성분이 가능한 날 바로 오케이 하는 게 좋습니다. 이날은 되고, 저날은 안 되고 조정하다 보면 서로 짜증이 나서 만남 자체가 성사되지 않을 수 있습니다.

2번째 만남 일정이 정해진다고 마음 놓으시면 안 되고, 꾸준히 호감이 있다는 것을 보여주시는 게 좋은데 카톡보다는 문자와 전화 한 통씩이면 충분합니다. 짧지만 저녁 8시 정도 하루도 빠짐없이 간단히 전화를 해주시는 게 좋습니다. 그 시간에 운동을 한다면 전화를 받는 시간을 조정해 보시길 바랍니다. 너무 늦은 시간에 전화를 하거나 회식 등으로 인해 술 마신 상황에서 전화를 하지 않는 건 기본입니다. 추후에는 그 시간에 연락이 오지 않으면 괜히 걱정도 되고 '연락 올 때가 되었는데 왜 안 오지?'라며 당신을 한 번 더 생각하게 됩니다.

처음에는 간단히 안부도 좋고, 하루 일과 중에 큰 이슈 정도를 얘기해 주는 것도 효과가 있습니다. 남성분 중에 직접 만나서는 말을 제대로 못 하는 분도 톡이나 문자로는 수다쟁이가 되는 분들이 많은데 여성 입장에서는 매치가 잘 안 되어서 오히려 확 깬다는 느낌을 줄 수 있습니다.

말 주변이 없거나 능숙하지 않더라도 있는 그대로의 자신의 감정이 전달되기 때문에 여성분이 오히려 더 신뢰를 하게 됩니다. 또한, 전화통화는 매일 하다 보면 조금씩 대화도 늘어나고 그녀와 서로 가깝게 느껴지기 때문에 다음 만남에서의 어색함이 굉장히 줄어듭니다. 몇 시간 전에도 통화를 나누었기에 오래된 친구 사이처럼 가까운 느낌을 주어 2번째 만남에 대한 부담을 극감시켜줍니다.

TIP 전화로 자신의 호감을 매일 보여주기!

RULE 08 : 소개팅 후 카톡

카톡은 두 번째 만남 이후부터!

    그녀와 첫 만남 이후 카톡으로 대화 시도는 감정이 오가지만 직접적이지는 않고, 실시간 반응을 알 수 있어 좋은 것 같지만, 남자가 더 불리하고 역이용당할 수도 있습니다. 여성이 일부러 읽지 않고 답을 늦게 보내며 당신의 반응을 살필 수도 있고 마음에 들지 않으면 바로 차단할 것입니다. 당신은 그녀와 실시간으로 대화하고 싶겠지만, 여성분의 마음을 확인할 길이 없습니다. 그래서 카톡에 대한 답이 없으면 답답해 미칠 것 같더라도 가볍게 툭 던지듯이 보내면 안 됩니다. 정중하고 매너 있게 한마디 정도 하시되 짧은 문자를 보내는 것과 같아야 합니다. 답장이 왔다고 해서 오케이 한 것이 아니니까 설레는 마음에 일을 그르치지 않기 바라며, 주의할 점 몇 가지를 말씀드리겠습니다. 여성분들이 가장 싫어하는 것 중에 하나가 '왜 답장을 늦게 주셨어요?', '뭐하고 계셨나요?'라며 추궁하는 스타일입니다. 아직 사귀는 사이도 아니고 한번 봤을 뿐인데 여성분 입장에서 그런 이유까지 당신한테 보고할 필요가 전혀 없습니다. 여자 친구라고 하더라도 추궁하거나 지적하는 말과 행동은 정말 싫어합니다. 한 번에 장문의 카톡을 보내거나 짧은 내용을 한마디씩 끊어서 연속으로 보내는 남성분도 아웃입니다. 일종의 통보형식으로 여성분이 대답은 생각지도 않은 채 혼자서 할 말 다하는 경우입니다.

이모티콘 남발, 맞춤법 틀리고 띄어쓰기가 잘 되지 않는 분, 소개팅 만남에서 말 놓는 상황이 아닌데 카톡에서는 친한 척한다고 은근슬쩍 말 놓거나 내뱉는 말투도 여성분이 싫어합니다. 또한, 카톡 프로필, 카카오스토리 사진을 소재로 삼아 대화를 시도하면 아직 잘 모르는 사이에서 자신의 일상까지 깊게 들어오는 느낌을 받기에 거부감을 가질 수 있습니다.

어리거나 학생이 아닌 직장인들의 첫 만남이기에 조심스럽고 신중하며 서로를 알아가는 단계에서 카톡은 가벼운 모습을 보여주는 지름길입니다.

> **TIP** 카톡은 친해진 후 시작하는 것이 좋다!

당신이 1순위가 아니다!

만남 전에는 어색하고 쑥스러워 소개팅 약속을 잡는 전화 한 통도 어려워하는 남성들이 소개팅 이후 그녀가 마음에 들면 연락체계는 완전히 바뀌어 버립니다. 만남 직후 '잘 들어가셨나요?'부터 시작해서 그녀에게 시도 때도 없이 연락을 합니다. 이때 그녀가 전화를 받지 않고, 문자나 답장이 오지 않으면 답답해 미쳐버릴 것 같습니다. 연락이 잘 되지 않는 이유는 당신이 1순위가 아니기 때문입니다. '좋다 싫다'처럼 이분법적으로 나누어지는 게 아니라 호감은 있을 수 있으나 순위가 다를 수 있습니다. 주위에 자신을 쫓아다니거나 연락을 하고 지내는 남성이 있을 수 있습니다. 남성은 소개팅을 할 때 주위에 여성들이 아무도 자기와 연락이 되지 않는 상황까지 몰려야 다른 여자를 만나려고 찾아 나서지만, 여자는 아닙니다.

그런데 왜 당신과 소개팅을 했을까요?

자신이 알고 있는 사람들보다 당신이 더 괜찮은 사람이길 바랐기 때문입니다. 남성도 주위에 썸 관계가 많은 것을 자랑스럽게 생각하며 누구를 선택할지 행복한 고민을 하기도 합니다. 그런데 자신이 마음에 들어 하는 여자가 반대로 당신을 썸 관계의 한사람으로 두는 것은 왜 안 된다는 건가요? 그녀가 당신을 떠보려 하거나 재어 본다는 느낌을 받을 수 있습니다. 이때 화를 내거나 폭발하면 다시는 그녀와 만날 수 없습니다.

직장인 싱글 남녀라면 조금이라도 더 괜찮은 사람을 만나고 싶어 하는 것은 당연한 거고 이해하며 받아들여야 하는 부분입니다. 직장인 여성은 신중합니다. 결혼이라는 마지막 사랑을 찾으려 하기 때문에 가능하다면 비교 대조군 중에 가장 괜찮은 사람과 사귀고, 연애를 시작하려 합니다. 단, 여성은 자신이 선택하고 나면 그 남자와 완전히 끝나고 나서도 한참 뒤에 다른 남자와의 연애를 생각합니다. 하지만 남성은 더 이기적입니다. 한 여자와 헤어짐을 생각하면, 이미 다른 여자를 만나기 시작하여 자연스레 '오버랩'되기를 원합니다.

아직 사귀는 사이가 아니라면 소개팅 이후 그녀와 연락이 잘 되지 않는다고 해서 화낼 필요 없이 자연스레 받아들이고, 썸남들보다 더 멋진 남자라는 것을 보여주면 됩니다.

TIP 아직 그녀는 아무도 선택하지 않았다!

연락처가 목적이 되어서는 안 된다!

클럽에서는 바로 핸드폰을 건네면 Yes, No가 명확하게 갈립니다. 대학생들은 서로 간에 신분이 보장되기에 교내에서 스타일이 좋고, 깔끔한 인상이라면 연락처를 흔쾌히 내어주는 여대생들도 있을 것입니다. 하지만 직장녀들은 그렇게 호락호락하지 않습니다. 헌팅은 거의 성공하기 어렵다고 보는 게 마음 편하답니다. 언제 봤다고 연락처를 주겠습니까? 세상도 흉흉하고, 자존심이 쉽게 허락하지 않습니다. 동호회나 단체모임에서 마음에 드는 이성이 있다면 어울림이 먼저입니다. 모임의 취지에 맞게 배울 건 배우고, 즐길 건 즐기면서 '오늘 모임의 즐거움을 함께 더 나누고 싶다거나 다음에는 좀 더 친해져요'라는 의사로 몇 번의 모임 이후 자연스레 연락처를 물어보는 게 좋습니다.

단체 미팅이라면, 여자도 마음에 드는 남자를 찾으러 나온 자리라고 생각해서인지 마음 편하게 연락처를 달라고 협박하듯 '내놓아라'라는 식으로 코너에 몰아 넣으면 안 됩니다. 남자는 참가자 중에 가장 괜찮은 이성을 선택하지만, 여자는 자신의 이상형이 이 자리에 있나, 없나를 보고 없으면 아무도 선택하지 않습니다.

　여성분도 당신이 마음에 든다면 커플 매칭을 할 때 누가 시키지 않아도 당신을 선택하게 되며 자연스레 연락처는 교환 될 것입니다. 스스로에게 자신이 없기에 그녀가 나를 선택하지 않을까 봐 불안해서인데 이런 심리로 상대 이성을 대하게 되면 잘될 것도 안됩니다. 틈만 나면 연락처를 물어보고, 답변하기 어려운 질문이나 예의 없는 말과 행동으로 여성분을 어렵고 힘들게 만드는 남성분이 많은데 좀 더 매너 있는 접근이 필요합니다. 우여곡절 끝에 그녀의 연락처를 받았다고 해서 그녀와 만나고 사귈 수 있을까요? 오히려 연락처는 받았는데 그녀가 당신을 전혀 기억하지 못하고, 연락을 받지 않는다거나 차단되면 마음만 아프고 비참해집니다. 이런 상황이 생기더라도 욕설 문자 및 못살게 구는 나쁜 행동은 하지 않길 바랍니다.

　단체미팅은 'Yes, No'가 명확한 자리입니다. 아닌 건 아니기에 그녀의 마음이라는 판을 뒤집을 수 없습니다. 그녀가 눈에 아른거리겠지만, 선택을 받지 못했다면 다음 기회를 위해 한발 물러나서 자신을 점검하는 편이 훨씬 더 낫습니다.

TIP　연락처보다 그녀가 먼저다!

7장

첫 만남부터 고백까지

———

여자 마음 움직이기

___

이 사람 만나보니 괜찮더라!

소개팅에서 마음에 드는 그녀를 만나면 놓치고 싶지 않은 마음에 바로 고백하는 분들이 많습니다. 물론, 첫 만남에서는 거침없는 솔직함이 좋을 수도 있습니다. 이런 시기가 빠르고 느린 게 문제가 아니라 너무 성의 없이 고백한다는 점이 문제가 될 수 있습니다. 학창시절에는 어느 대학교 무슨 과라는 신원이 확실한 만남이지만 직장인은 단체모임이나 미팅에서 확인되지 않기 때문에 여자가 마음의 자물쇠를 푸는 데까지 시간이 많이 걸릴 수 있습니다. 동호회, 소모임 같은 단체모임이나 미팅을 자주 하는 남성분은 조급함으로 일을 그르치는 경우가 많습니다. 다른 남자에게 뺏길 것 같고, 놓칠 것 같은 불안함에 어쩔 줄 몰라 하며 그녀에게 고백하고 자신의 뜻대로 되지 않으면 답답하고 성질이 급해 신경질 내며 화를 내기도 합니다. 당신의 그런 모습을 알게 되면 '이 남자 선택 안 하길 잘했다'라는 생각을 하게 될 것입니다. 한쪽만 빠른 연애는 불같이 타올랐다가 목적 달성 후 불같이 식기 마련입니다.

여자는 끊임없이 고민합니다. 처음 보는데 '나를 얼마나 안다고?

정말 날 좋아하는 걸까? 내가 쉬워 보이나?' 이런 불식을 잠재우려면, 성의 있게 정성을 다해 정말 내가 당신을 좋아한다는 느낌을 어필해야 합니다. 설렘과 떨림이 전달 되게 조금은 어설픈 것이 더 좋습니다. 주위 지인, 어르신, 업체를 통한 1:1로 만남은 주선자를 믿고 신원이 보장되기에 당신이 정말 싫지만 않으면 2번째 만남까지도 자연스레 진행이 될 거랍니다.

여자가 다리미처럼 천천히 달아오르는 것을 아는 연애 고수들은 처음 만나는 그녀에게 호감이 있다는 느낌만 전달하고, 2번째, 3번째 만나면서 조금씩 예열시킨 후 제대로 불이 붙었을 때 고백합니다. 자신 있고 당당하기에 서두르지 않습니다. 나한테 호감이 있다면 2번째 만남의 기회를 가지게 될 것이고 더 이상 연락이 없다면 인연이 아니라는 것을 빨리 인지하고 다시 새로운 사람을 찾아 나서면 됩니다.

소개팅이라는 첫 만남에서 자신이 마음에 든다고 해서 그녀를 집에 보내주지도 않고, 차가 끊길 때까지 붙잡아 두며 하루에 데이트를 다 하려고 하지 않으셨으면 합니다. 첫 만남에서는 진정성 있게 '이 사람 괜찮더라, 한 번 더 만나 봐야겠다'라는 설렘만 전달될 정도면 대성공입니다.

TIP 여자는 예열되는 시간이 필요하다!

'한 번 더 만나볼까?'라는 생각이 들어야 한다!

어떤 이성일까? 어떤 이미지일까?

누구나 첫 만남은 설레고 떨리기 마련입니다. 서로의 이미지를 확인하고 대화를 나누면서 연애 가치관을 맞추어보는 작업을 하게 됩니다. 많은 남성분들이 소개팅 여성이 카페에 들어서는 순간 그녀임을 확인하고 나서 마음에 들고 들지 않고가 판단되며, 앞으로 사귈지 말지 결정이 된다고 합니다. 하지만 이는 오로지 남자만의 생각이라는 겁니다. 상대가 어떻게 생각할지는 하나도 반영이 되어 있지 않습니다. 여자는 종합적으로 당신을 바라보며 첫 이미지만 보고 당신과 사귈지 말지 판단을 하지 않습니다. 다만, 다음 만남을 이어나갈지에 대한 고민을 하게 됩니다.

여자도 남자의 외모를 많이 봅니다. 남자들이 잘생겼다는 것과 여자들이 잘생겼다는 외모에는 차이가 있습니다. 착각하지 말아야 할 것은 당신의 외모가 중상이라고 생각하는 순간부터 어깨에 힘이 들어가며 겸손이라는 단어를 잊기 마련입니다. 그러지 말고 첫 만남에 최선은 다하시되 오버하지 않고 괜찮은 사람이라는 느낌만 전달하시면 됩니다. 그래서 서로가 처음 만나는 자리에서는 이미지와 말투, 의상, 매너, 예의 등의 외적 요소가 중요하며 여기에 신경쓰길 바랍니다. 처음에는 만나서 서로의 이미지를 확인하는 일에 신경이 집중되어 있어서 무슨 대화를 나누었는지 어색하기도 하고 설렘 때문에 대화 내용이 잘 기억이 나지 않을 수도 있습니다. 소개팅에 나온 여자는 당신과 마찬가지로 짝을 찾기 위해 혈안이 되어 있습니다. 지난주, 다음 주 소개팅남과 차별화된 무언가가 있어야 합니다. 그 남자 '별로'라고 얘기하면서도 거부할 수 없는 자신만의 매력을 한 가지는 만들어 놓아서 여성분이 '남 주기에는 아깝다'라는 생각이 들게끔 만드셔야 합니다.

팁이라면, 칭찬을 하되 다른 남자들이 보지 못하는 여성분의 매력을 칭찬해 주면 당신을 다른 남자들과는 다르게 보게 될 것입니다. 여자는 사주나 점보는 것, 혈액형 맞추기를 좋아하는 분들이 많습니다. 당신이 점쟁이라도 된 듯이 여성분의 성향이나 취미, 특기 등을 맞추어 보는 것도 좋습니다. "어떻게 아셨어요?"라는 말이 나올 정도면 좋겠지만 아니더라도 이 남자 '한 번은 더 만나볼까?'라는 생각이 든다면 성공입니다. 자신도 몰랐던 장점과 매력을 알게 해주고 단점까지 좋아해주는 남자에게 끌리지 않는 여자는 없을 거랍니다. 전혀 보이지 않는다면 억지로라도 만들어 보시길!

TIP 상대도 몰랐던 매력을 찾아서 칭찬해보시길!

RULE 03 : 두번째 만남 '친근함'

가까워지고 익숙해져라!

첫 만남에서 설렘과 긴장 속에서 서로의 이미지를 확인하는 일에 초점을 맞추었기에 두 번째 만남부터는 다른 접근이 필요합니다. 첫 만남 이후 두 번째 만나는 시기는 빠를수록 좋습니다. 바로 다음 날일 수도 있고, 일주일이 지난 후 가질 수도 있습니다. 두 번째 만남에서 당신이 가장 신경 써야 할 부분은 바로 어색함이 없어야 한다는 것입니다. 즉, 서로 친해져야 합니다. 첫 만남보다는 약간의 여유가 생겼기에 이제부터는 그녀의 얘기가 들리게 됩니다. 그녀가 어떤 음식을 좋아하고, 싫어하며, 어떤 취미가 있는지 물어보길 바랍니다. 그녀가 말해주는 것들을 지금부터는 기억해야 합니다.

두 번째 만남의 옷차림은 조금은 편한 '비즈니스 캐주얼'이 좋습니다. 캐주얼도 괜찮은데 낡은 폴로셔츠나 빈폴 티셔츠보다는 괜찮은 아이템을 한 가지 구입하는 것도 좋습니다. 신발은 굽이 너무 낮은 것은 피하고 옷차림이 너무 편하지 않도록 합시다. 아직은 사귀는 사이가 아니기에 불편함이 있는 것이 당연합니다.

데이트는 차가 있는 분이라면 가까운 외곽으로 드라이브를 나가는 것이 좋습니다. 서로가 목적지를 향해 가면서 그 장소에 대한 주제로 대화도 나눌 수 있고 마주 보는 부담에서 벗어나 한곳을 바라보면서 이야기를 할 수 있는 것이 가장 큰 장점입니다. 가는 도중 음악도 들을 수 있고, 라디오를 틀면 라디오 방송과 관련된 가십거리도 얘기할 수 있습니다. 차가 막히면 오히려 더 많은 시간을 둘만의 공간에서 방해받지 않아 좋습니다. 차가 없는 분이라도 실망할 것 없습니다. 두 사람이 조금 걸을 수 있는 미술관이나 박물관 데이트도 좋고, 식사 후 바로 앞의 거리를 조금 걷거나 조용한 공원 산책도 좋은데 10분 정도면 충분합니다. 여성분이 치마와 힐을 신고 있다는 점을 간과해서는 안 됩니다.

음식점의 경우, 회전초밥집을 추천드립니다. 여성분 중에는 스시나 롤을 좋아하는 분들이 많고, 서로 한 곳을 바라보고 앉기 때문에 부담이 없습니다. 또한, 여성분이 접시를 선택하면 가운데에 놓고 다정하게 한 개씩 먹을 수 있습니다. 상대방의 입맛에 맞지 않는 건 대신 먹어주기도 하며 다 먹은 접시도 치우고, 생강 절임을 덜어주거나 간장도 부어주는 등 자연스럽게 배려있는 행동을 많이 할 수 있습니다. 뷔페 형식의 샐러드 바도 추천합니다. 서로 음식점에 입장한 뒤 잠깐 붙어 앉아 기다리면서 대화를 하고, 자리에 대한 배려도 할 수 있습니다. 음식을 가지러 같이 다니면서 이것저것 서로 추천도 하고, 만들어 먹기도 하며 맛에 대해 추측도 하는 재미를 느낄 수 있습니다. 음식점 선택에 대한 고민도 없어지게 되고, 음식, 요리에 대한 얘기를 많이 나누어 볼 수 있는 시간을 가질 수 있습니다.

두 번째 만남에서 당신은 그녀를 유쾌하게 해주어 '당신과 함께

라면 즐겁다라는 느낌을 주면 됩니다. 한 가지만 덧붙이자면 그녀와의 대화 내용을 기억할 필요가 있습니다.

> **TIP** 두 번째 만남에서는 그녀와 즐거운 시간을 가져라!

─────

내 남자친구, 남자로 느껴져야 한다!

첫 만남보다는 약간 편해진 느낌이 들어 그녀의 얼굴도 보이고 서로 나누는 대화의 내용이 들리기 시작합니다. 이제 그녀에 대한 정보를 수집하게 되는데 이것은 여성분도 마찬가지랍니다. 본인이 생각했을 때 스펙, 외적 이미지 때문에 자신감 없는 고민은 접어주시길 바랍니다. 이미 첫 번째 관문을 통과하지 못했다면 두 번째 만남은 없었을 테니까요. 그러니 두 번째 만남에 집중하시길 바랍니다.

두 번째 만남에서 여성은 당신과 함께 있으면 즐거운지 아닌지를 생각하게 되는데 마냥 웃고 떠든다고 좋은 게 아니라 종합적인 평가를 하게 됩니다. 그중에 '내가 존경할 수 있는 남자인가?'라는 질문에 '예'라는 답이 나와야 하고 여자의 지적 호기심을 채워 줄 수 있어야 합니다. 지적탐구에 대한 갈증이 해소될 때 즐거움을 느끼는 사람이 많습니다. 직장인들의 연애에서 여자는 결혼이라는 현실적인 부분을 생각할 수밖에 없습니다. 내 아이의 아버지가 되는 사람인데 내가 존경할 수 없고 책임감 없는 모습을 보인다면 내 남편이기 이전에 남자친구로 선택하고 싶을까요?

너무 어렵게 생각 마시고 웃고 떠들면서도 대화 사이에 조미료처럼 이 세상을 헤쳐나갈 수 있다는 자신감과 지금 하는 일에 대한 자부심, 다양한 경험을 통해 갖게 된 높은 자존감과 비전 있는 모습을 보여 주는 것으로 충분합니다.

두 번째 만남에서 여자의 심리는 이런 부분들이 해소될 때 '내 남자친구로서 괜찮다'라는 생각과 함께 남자로 느껴져야 다음 만남에 응하게 될 것입니다. 두 번째 만남에서 내 남자친구가 될 수 있을지 판가름 나는 경우가 많기에 너무 무겁거나 가볍지 않고, 기댈 수 있는 남자로서의 진정성 있는 모습을 잘 표현하시길 바랍니다. 요즘 남자들의 이상형들을 살펴보면 '나를 배려해주는 여자', '내 말에 귀 기울여 주는 여자', '나를 이해해주는 여자', '나를 리드해주는 여자'라며 여성분에게 의지하려는 분이 많은데 이를 밖으로 드러내 보이지 않길 바랍니다.

두 번째 만남에서 남자분이 애교 있는 모습을 보여주기 위해 '엥 엥' 또는 '징징'거리는 분이 있습니다. 직장 상사 험담과 함께 '너무 힘들다'거나 '그만두고 싶다'고 하는 이런 남자에게 누가 미래를 함께 하고 싶어 할까요? '이거 싫어, 저거 싫어'하는 투덜이 스머프 같은 사람을 사귀면 피곤하지 않을까요?

학창시절에 과제를 하기 싫다고 하면 받아주던 여자 친구는 이제 없습니다.

> **TIP** 장난이나 유머라도 가벼운 모습은 보이지 말자!

RULE 05 : 세 번째 만남 '세심함'

따뜻하게 챙겨줘라!

세 번째 만남부터는 세심하게 챙겨주는 것이 좋습니다. 두 번째 만남에서 그녀가 좋아하는 것들, 하고 싶어 하는 것들을 알아내었다면 세 번째 만남에서는 간단히 하나 정도 실행하는 것도 좋습니다. 하지만 이때 여성분이 부담스럽지 않아야 하는 것이 포인트입니다.

놀이동산 데이트를 해보고 싶다고 해서 준비해 놓는다거나 뮤지컬이나 공연을 예매했다가 사귀는 사이가 되지 않으면 치명적입니다. 영화는 정말 하다 하다 할 게 없을 때 쓰는 마지막 카드인지라 아직은 사용하지 않길 바랍니다. 부담스럽지 않게 괜찮은 식당을 찾아가는 것이 좋습니다. 방송에 나온 곳이면 금상첨화입니다. 그녀가 좋아하는 메뉴라서 기뻐할 것이고, 자신이 말한 것을 기억해준 당신에게 감동받을 것입니다. 그녀가 달콤한 것 또는 케이크를 좋아한다고 하면 찾아가 보시길 바랍니다. 아이스크림을 좋아한다고 하면 식사 후 이것저것 골라 먹어 보기도 하며 함께 사는 가족이 있다면 아이스크림을 하나 더 사서 포장해 주는 것도 좋은 방법입니다.

세 번째 만남까지 이어졌다면 그녀도 당신이 싫지는 않다는 것입니다. 이제는 당신의 마음을 살짝 보여줄 필요가 있습니다. 수줍은 고백 정도라 생각하고 당신의 증표를 하나 준다고 생각하시면 되는데 이때도 부담 없이 받을 수 있는 것이어야 합니다. 초콜릿 정도는 선물해도 괜찮습니다. 백화점에 갔다가 너무 맛있어 보여서 하나 샀다고 얘기하면서 슬쩍 건네 보시길 바랍니다. 여성분이 즉석에서 뜯어보고 같이 먹자고 하면 빼지 말고 하나 맛보셔도 됩니다. 거절하면 너무 선물처럼 보입니다. 다른 선물을 주고 싶다면 립스틱도 좋습니다. 대신 백화점에 있는 명품 브랜드로 선물하시길 바랍니다. 그나마 가격이 저렴해서 그녀가 부담 없이 받을 거랍니다. 백화점에서 여동생, 누나, 엄마가 화장품 살 때 생각이 나서 하나 샀다고 하시면 됩니다.

세 번째 만남에서는 당신이 그녀에게 호감이 있다는 것을 보여줘야 합니다. 포인트는 그녀가 얘기하는 작은 것 하나까지 기억하고 소중하게 생각되어서 자기도 모르게 세심하게 챙기게 된다는 것입니다. 스킨십을 시도하는 것이 아니라 밝고 건전한 분위기를 유지하면서 챙겨주는 따스함을 보여주시길 바랍니다.

> **TIP** 그녀가 좋아하는 것을 보고, 먹고, 즐기게 해줘라!

RULE 06 : 세번째 여자심리

여자의 반격, 밀당을 슬기롭게 견뎌내라!

세 번째 만남은 정신 바짝 차리시고 지혜롭게 넘어가셔야 합니다. 이때부터 실제 모습을 알고 싶어 하는 시기에 접어들게 됩니다. 그동안의 만남에서 서로 호감이 있는지 알아보았다면 이제는 남자가 돈을 얼마나 모아 놓았는지, 연봉은 어떻게 되는지, 직장에서 어떤 일을 하는지 실속을 들여다보고 싶어 합니다.

여성분 입장에서는 결혼까지도 생각을 하기 때문에 궁금해하는 게 당연합니다. 간접적으로 돌려서 말을 꺼내 보기도 합니다. 간혹 직접적으로 물어볼 수도 있기에 당황하지 말고 차분하게 대화에 임해야 합니다. 직업에 대해서는 명함을 꺼내 보이면서 어떤 일을 한다고 얘기하면 깔끔합니다. 하는 일에 대해 물어볼 때 남들이 생각하는 좋은 직장이나 직업이 아니라고 해서 주눅들거나 어정쩡하게 얼버무리고 넘어가게 되면 사귀더라도 여성분의 의심을 피할 수가 없게 되니 직장명과 하는 일에 대해서는 간단히 얘기를 해주시길 바랍니다. 직장인 여성들은 당신의 스펙과 하는 일, 직장 다닌 연차 등을 모두 고려해보고 자가용의 종류, 옆자리에 탔을 때 킬로 수

등까지 계산해서 당신의 재산 상태를 체크해 보기도 합니다.

여성분 입장에서는 당연한 거라고 말씀드렸고 한번 확인을 하겠다는 건데, 이때 당신이 울컥해버리면 지금까지 공들인 일들이 한순간에 무너져 내립니다. 또한, 슬기롭게 넘어갔는데 그다음부터 연락이 안 된다고 하면 자신의 마음을 잘 다독거려 주시길 바랍니다.

이 밖에도 당신에게 소중한 것과 자신 중에서 양자택일을 하라고 할 수도 있고, 어려운 상황으로 계속 밀어붙일 것입니다. 이것저것 투정도 부리고, 살짝 기대어 보거나 팔짱을 낄 수도 있습니다. 다만 이때 남자분이 착각을 해서 더 진한 스킨십을 하려 한다면 미끼를 물어버리는 것이니 덤덤하게 아무렇지도 않은 듯 자연스레 넘어가시길 바랍니다.

세 번째 만남에서 남자는 스킨십 진도를 참기 힘들어 합니다. 아직 서로 사귀는 사이가 아닌데 통했다고 생각하고 스킨십 진도를 나가려고 하다가 문제가 되기도 합니다. 손도 먼저 잡으려 하지 마십시오. 한강 둔치로 차를 돌린다거나 주말에 여행을 가자는 멘트도 아직은 이르답니다. 여성분은 당신을 시험하고 있는 중인데 머릿속이 스킨십 생각으로 가득 차 뜬금없이 연락이 두절되는 일은 없길 바랍니다.

TIP 철저한 방어를 준비하자! 아직은 매너 손!

RULE 07 : 네번째 만남 '근사함'

———

멋지게 고백하라!

직장인 싱글 남녀들이 첫 만남부터 고백하는 데까지는 3~4번 정도의 만남을 가지고, 4번째 만남 정도에 사귀자고 고백을 합니다. 과거에는 일주일에 한 번씩 한 달 정도의 시간이 걸렸다면 요즘은 2주면 충분한 것 같습니다. 직장인 싱글 남녀가 4번 정도 만났다면 남자가 자신한테 호감이 있다는 것을 알고 있습니다. 여성분도 당신이 마음에 들지 않았다면 4번까지 만나고 있지 않을 테니까요.

많은 남자들이 아직도 학창시절에 쓰던 고백 방법 중 하나였던 집에 데려다 주는 길 또는 그녀의 집 앞에서 고백을 하려고 시도하는 분들이 아직도 많습니다. 요즘은 세상이 흉흉해서 아직 사귀지도 않는 남자에게 집 위치를 가르쳐주지 않고 집 앞까지 가는 길에 변수가 너무 많습니다. 그녀의 동네 주민이나 가족이라도 만나면 곤란해집니다. 추운 겨울이나 무더운 여름날 집에 보내지도 않고 밖에서 뜸 들이면서 붙잡아 두는 것도 실례입니다. 지하철이나 버스로 그녀의 집 앞까지 따라가는 것도 차가 없는 뚜벅이라는 것을 인정하는 것이기에 직장인 싱글남이라면 모양이 빠질 수 있는 부분입니다. 또한, 전화나 문자, 카톡 등으로 사귀자는 것은 그녀를 가볍게 만나보겠다는 의미가 되고 남자분이 자신감이 없어 보이니, 통신수단으로 고백하는 일은 없길 바랍니다.

이왕이면 근사하고 멋진 장소에서 사귀자고 고백하길 바랍니다. 와인 레스토랑이나 칵테일 바 정도가 괜찮습니다. 이런 장소와 분위기가 당신을 대변해 주기 때문에, 고백한다면 그 마음이 잘 전달될 거랍니다. 여의치 않으면 룸 형식으로 된 이자카야도 나쁘지 않습니다. 차를 세워놓고 자동차 안에서의 고백도 괜찮습니다. 고백할 때는 비장한 각오를 보여 줄 수 있는 정장이 좋습니다. 가벼운 마음이 아닌 정말 좋아해서 진지하게 만나보고 싶다는 느낌을 줄 수 있기 때문입니다. 내 마음을 확실히 전달하러 왔다는 진정성 있는 모습과 함께 평소 보지 못한 당신의 수트 입은 모습을 볼 수 있기도 합니다. 남자는 정장을 입혀 놓으면 확실히 달라 보입니다.

고백 멘트에도 완충어가 있습니다. '진지하게', '정식으로'라는 표현을 써주면 여성분에게 좀 더 진정성 있게 들린답니다. "우리(나랑) 사귈래(요)?"와 "우리(저랑) 정식으로(진지하게) 만나볼래요?"라고 하면 차이가 느껴지시나요?

이제 거의 다 왔습니다. 주의사항이라면 즉석에서 답을 강요해서는 안 된다는 것입니다. 집착하는 것 같고 급한 사람처럼 보여 마지막에 선택의 시간이 오히려 더 길어질 수 있습니다.

TIP 고백할 때 '진지하게', '정식으로'라는 완충어를 사용하시길!

"생각해볼게요!"라고 하면 마감기한을 정해줘라!

고백을 하게 되면 "생각해볼게요"라는 답변이 돌아올 거랍니다. 이때 고백하느라 정신이 없으셔서 '그래'라는 답변만 하고 끝나게 되는 경우가 많습니다. 고백 후 너무 오래 기다리게 하지 말라며 마감기한을 정해 주시는 게 좋습니다. 가급적이면 일주일 이상의 기한을 두면서 이달 말일까지가 좋습니다. 예를 들어 28일에 고백을 했다면 다음 달 15일 정도면 적당할 거 같습니다. 이렇게 한계선을 정해 놓아서 좋은 점은 언제 답변을 줄지도 모르고 피 말려가며 하염없이 기다리는 것을 미연에 방지할 수 있습니다. 또한, 여자는 너무 쉽게 허락하면 값어치가 낮아 보일 수 있다는 생각이 들어 뜸을 들일 것입니다. 어차피 시간을 가지게 될 바에야 먼저 선수 쳐서 그녀의 자존심을 높여주는 것이 더욱 모양새가 좋습니다.

고백 후 여자가 "생각해볼게요"라고 말하면 거의 사귄다고 생각하시면 됩니다. 하지만 만에 하나라는 게 있습니다. 이때 여성은 상대의 마음이 순간적인 것인지 정말 나랑 진지하게 만나 볼 마음이 있는지 알고 싶고, 그 마음이 지속될 수 있는지 알아보고 싶어 합니다. 그래서 고백 후, 마감기한까지 당신의 마음을 매일 꾸준히 보여주는 것이 중요합니다. 매일 똑같은 시간에 간단히 안부 전화라도 해주시는 것이 좋습니다. 문자는 예약설정을 한 것 같은 의심을 받을 수 있고, 카톡으로 대화를 많이 주고받다가는 실수를 할 수도 있으니 적당한 선에서 여운을 남기도록 합시다. 약속한 마감 기한을 15분 정도 남겨놓고 전화해서 일상 대화를 나누시다가 밤 12시가 넘어가면 조심스레 "오늘이 그날인데 이제 답변해줄래?"라고 말씀하시면 여성은 못 이긴 척 '그래, 그럼 한번 만나보자'라는 답이 올 것입니다. 이때 믿기지 않는다는 듯 사귄다는 사실을 되물어 보면서 여러 번 확인 사살을 하셔도 좋고, 답변을 듣는 순간 소리라도 한번 질러 주신다면 여성분도 정말 이 남자가 '나를 많이 좋아하는구나'라는 생각이 들 거랍니다.

유의사항이라면 반드시 '우리 오늘부터 1일이다'라는 것을 확인을 받으셔야 합니다. 고백과 동시에 즉석에서 바로 답을 달라는 남자도 있고, 응석 부리면서 "우리 사귀자, 응?"이라면서 답변을 구걸하는 경우도 있는데 여자의 심리상 강압적이거나 진지함이 없으면 신뢰성이 떨어져 남자친구로는 어렵다는 결론에 이를 수 있습니다. 고백할 때는 너무 당당한 것보다는 설렘과 떨림이 전달되면 좋으니 그녀의 눈을 똑바로 쳐다볼 수 없는 것이 당신의 마음이 더 진실되게 전달되어 보일 수 있습니다.

TIP 고백 후 답을 들을 때까지 매일 꾸준히!

RULE 09 : 만날 때마다

———

밀당이 아닌 심리적 거리를 좁혀라!

연애를 하고 있다면 여자친구와 어느 정도의 힘겨루기가 필요할 때도 있습니다. 하지만 서로 알아가는 단계에서 밀고 당기기를 하는 것은 남성분에게 위험한 행동입니다.

어설픈 밀당을 여성이 눈치채는 순간, 자신을 재어보는 것 같아 싫어합니다. 또한, '나랑 사귈래, 말래?'라는 식으로 밀어붙이거나 간을 보는 남성분들도 많습니다. 남녀 간에 심리적 거리라는 게 있습니다. 심리적 거리는 첫 만남이 진행되면서 서로 적정선을 유지하게 됩니다. 연애는 심리적 거리를 좁혀 나가는 과정인데, 남성분께서 이 심리적 거리를 한 번에 좁히려고 하다 보니 탈이 나는 거랍니다. 여성분 입장에서 심리적인 거리가 적당히 유지되지 못하고 한 번에 누군가 좁혀들어오면 놀라고 당황해서 심리적 거리에서 이탈하거나 다른 길로 돌아서게 됩니다. 사귀기 전까지는 심리적 거리를 좁히는 것이 아니라 거리를 유지한 채, 사귀기라는 목적지를 향해 먼저 고백한 남자 쪽으로 마음이 이동해 가는 것입니다. 이후 연애를 시작하면서 서로 간의 심리적 거리를 좁혀 나가는 것입니다.

그녀와 연애를 하고 싶다는 마음이 들면 소개팅을 한 후, 첫 만남에서 설렘을 전달하고 반 발짝만 물러나 당겨주시면 됩니다. 그녀가 반 발짝 멀어진 심리적 거리 유지를 위해 스스로 남자 쪽으로 와주어야 합니다.

첫 만남인지라 그녀가 심리적 거리를 당신 쪽으로 이동하기 위해 발을 떼는 데까지 머뭇거리며 망설이기도 하고, 여성분의 심리 상태에 따라 시간이 많이 걸릴 수도 있습니다. 서로 사귀는데까지 심리적 거리는 만남의 횟수와 시간과는 무관합니다. 이때 여성분이 당겨오지 않으면 남성분께서 다시 제자리로 돌아가 배려와 관심으로 호감을 전달하고 다시 당기기를 반복하셔야 하는데, 이는 남성분 입장에서 가장 힘든 시간입니다. 이 시간을 견디지 못해 답을 재촉하면 더 힘들어집니다. 여유를 가지며 기다려 줄 수 있다는 대범한 모습을 보여주면서 안정적이여야 다가올 수 있습니다.

그녀가 전혀 당겨오지 않는다면 처음부터 마음에 걸리는 부분이 있어서입니다. 과감하게 잊어버리고 새로운 여성분을 찾아 나설 줄 아는 용기와 지혜도 필요합니다.

TIP 남자는 밀당이 아니라 반 발짝 당기기만 하는 것!

―――

여자의 마음 100-1=0, 여자도 모른다!

　소개팅을 마치고 돌아와서 기분 좋게 연락을 하는 그녀, 당신에게 마음이 있는 걸까요? 당신을 싫어하는 것은 아니지만, 아직 사귀는 것은 아니기에 조심스럽게 접근해야 합니다. 여자의 마음은 '100-1=0'이랍니다. 사귀고 나서도 어느 정도 여자가 경계를 풀기 전까지는 마음을 놓아서는 안 됩니다. 한 번의 장난과 실수로 다시는 그녀를 못 볼 수 있기 때문입니다.

　맛있는 것을 먹고, 재밌는 공연을 보며 매너 있는 모습으로 최선을 다해 성공적인 데이트를 마치더라도 여자의 마음은 알 수 없습니다. 남자는 소개팅의 첫 만남에 문을 열고 들어오자마자 좋다 싫다가 확실히 결정되고 그녀와 사귀기로 혼자만의 결정을 합니다. 남자는 좋다 싫다, 사귈까 말까 이분법적 사고를 합니다. 하지만 여자는 생각 구조가 완전히 다르다는 것을 이해하셔야 합니다. 호감은 있는데 현재 60% 정도이고, 사귀는 것과 사귀지 않는 것은 또 다른 문제이며, 그 마음이 커졌다 작아졌다 합니다. 소개팅에서 서로 조금 친해지고 가까워졌다는 생각이 들더라도 여자의 마음, 여자도 알 수가 없을 때가 있습니다.

'왜 이렇게 여자는 어렵게 생각하나요?' 라고 물어볼 수 있겠지만 이게 여성과 남성의 차이라는 것을 받아들이고 인내하셔야만 원하는 여자를 만나서 예쁜 연애를 하실 수 있습니다.

많은 남성분들이 이 과정을 하기 싫고 귀찮아서 구관이 명관이라며, 서로에게 익숙해져 있는 이전 여자친구와 완전히 헤어지지 못하거나 재회를 원하는 남성들도 많습니다. 여자가 몇 번의 데이트를 하고 나서도 확답을 주지 않는 것은 호감은 있지만, 당신이 자신을 얼마만큼 좋아하는지에 대한 확신이 서지 않기 때문입니다. 여기서 포인트는 매번 만날 때마다 남성 분 자신의 사랑의 크기, 당신을 좋아하는 마음이 더 커졌다는 것을 확인시켜 줄 필요가 있습니다. 사귀기 직전, 당신이 가장 소중하게 생각하는 것과 자신을 비교하게 될지도 모릅니다. 이때 당신의 대답이나 행동 하나로 인해 그녀가 떠날 수도 있음을 알아두시길 바랍니다. 사귀기 시작하더라도 여자의 마음이 100% 넘어온 것이 아니라서 자신을 사귀기 전보다 더 좋아하는지 당신에게 끊임없이 확인할 것입니다.

"나 좋아해, 나 사랑해, 얼마만큼?" 귀찮을 정도로 물어봐도 당신은 한결같아야 하며 건성으로 대답하시면 안됩니다. 이런 확신을 주지 못한다면, 당신은 멋진 여자 친구를 가질 수 있을지 몰라도 매번 데이트마다 손만 잡다가 끝날 것입니다.

TIP 만날수록 더 좋아하고 있다는 것을 보여줘라!

소개팅 100% 최적화

——

당신이 보여줘야 할 모습

RULE 01 : 첫 이미지

의상과 스타일에서 비기기만 해도 승산 있다!

소개팅을 할 때 가게 문이 열리고 혼자 들어오는 여성분을 보면 떨린다고 합니다. '그녀일까, 아닐까?'는 3초의 순간에 결정되며 반응은 둘 중 하나입니다. '와우, 정말 예쁘다.', '아… 이런, 똥 밟았다.' 아닌 여자한테는 알아서 잘 하시니, 좋은 쪽으로만 생각합시다.

연애를 잘 못하는 직장인 남성분들은 여자의 이미지가 당신이 생각했던 것보다 화려하기 때문에 대하기 어렵다는 답변이 많습니다. 여성의 화려한 이미지 때문에 주눅 들어서 말도 제대로 몇 마디 못하고, 그냥 차만 마시다가 오는 분들이 많다고 합니다. 직장인 싱글 여성이라면 소개팅 자리에 최고로 예쁘고 화려하게 나오는 건 당연한 거랍니다. 직장인 여성은 소개팅이 잡히면 당신이 상상도 못할 정도로 1주일 전부터 난리가 납니다. 뾰루지라도 나면 피부과에 가고 마법에 걸리기라도 하면 일정을 미루기도 하고 어떤 옷을 입고 나갈까, 헤어스타일은 어떻게 하고 나갈까, 새로운 옷과 구두를 사기도 합니다. 마사지와 네일아트도 하고, 목욕탕 갔다가 화장하는데 시간을 재촉하면서도 입고 나갈 옷이 없다며 난리입니다.

하지만 당신은 소개팅 전날 술이라도 마시지 않으면 다행이고, 만남 당일에도 적당히 하고 나갑니다. 곱게 화장을 한 모습을 정면으로 마주 보며 화장품 냄새가 더해지면 아찔해지기도 합니다.

같은 옷이라도 명도나 채도 같은 색상이나 옷감의 질이 완전히 다르답니다. 입고 나온 의상 브랜드는 웬만하면 백화점에서 샀고 목에 두르고 나온 스카프를 단순한 천 조각으로 보겠지만 1백만 원이 넘는 것일 수도 있습니다. 여성분의 사치가 아니라 당신에게 잘 보이기 위한 노력으로 보시길 바랍니다. 외모도 괜찮은 그녀의 화려하고 럭셔리한 모습에 비해 당신의 옷차림과 스타일이 좀 아니라면 왠지 모르게 위축될 수 있습니다. 당신도 소개팅에 최고로 멋지게 하고 나가야 주눅들지 않고 서로 동등한 위치에서 대화를 시작할 수 있습니다. 좋은 의상과 멋진 스타일로 나간다면 자연스레 어깨에 힘이 들어가고 자신감도 올라갈 거랍니다. 아무리 잘나가고 돈을 잘 번다고 하더라도 소개팅이라는 전투에서 의상과 스타일부터 무너지면 자꾸 밀리게 되어 있고 주도권이 넘어가 반격 한번 해보지 못하고 그녀의 선택을 기다려야만 하는 처지가 되어 버립니다.

남성이 소개팅하러 갈 때 의상과 스타일은 아무리 강조해도 지나치지 않는 것 같습니다.

TIP 소개팅에 나갈 때 전투복을 제대로 갖추고 나가자!

RULE 02 : 대화주제

넓고 얕은 지식에 경험을 첨가하면 금상첨화!

소개팅에서 대화를 잘하기 위해서는 그녀의 관심사 3가지 정도를 캐치하는 것이 우선이고, 그 소재는 남자분도 알고 있는 내용이어야 하며, 10분 내에 하나도 건지지 못하면 그날의 소개팅은 끝이라고 생각해야 합니다.

대학생들은 학교, 전공, 취업 등의 공통된 관심사가 있지만, 직장인들은 끌어내기가 만만치 않습니다. 자신만의 살아가는 신조나 행복을 기준으로 하는 가치관이 모두 다르기 때문에 소개팅에서도 공감하지 못하면 소통이 되지 않습니다. 일단 취미가 가장 만만한 주제입니다. 주로 맛있는 음식이나 영화, 음악이 될 겁니다. 잘하지 못하는 것이라면 자신의 실수담이나 배우고 싶다는 얘기를 하면서 동의를 얻어나가는 방법으로 대화를 진행합니다. 하지만 예술 분야, 독서나 여행 등 잘 모르는 분야에 대해 좋아한다고 하면 절대 당황하지 말고 그녀의 얘기를 들으면서 감탄사와 함께 동의의 표현을 하고 경청하면 됩니다.

학창시절에 잘하지 못했다거나 관심이 없었지만 "××씨가 좋아하신다니까, 지금부터 관심 가져 봐야 겠네요"라며 이렇게 넘어가면 좋아하는 마음도 전달하고 노력하는 모습도 보여 줄 수 있으니, 일석이조입니다. 다만 무식함이나 무지함은 드러나선 안 됩니다. 사람은 자신이 잘하는 분야를 물어보면 인정받고 칭찬받는 것 같아 더욱 신나서 얘기하는 경향이 있으니 관심 어린 질문을 해주면서 맞장구를 많이 쳐주면 됩니다. 지금까지 말씀드린 것은 누구나 다 아는 얘기일 수 있고 소개팅에서 큰 효과를 발휘하지 못하는 그저 토론의 장일 뿐이랍니다. 진짜 공감하며 대화를 하려면 자신의 경험담이나 일화가 있는 얘기를 하셔야 합니다. 자신의 생각이 반영되어 있어 서로간의 가치관을 확인하는 작업이 되기 때문에 나와 잘 맞는지 아닌지 알 수 있습니다. 또한, 신빙성이 더해지기 때문에 당신에게 믿음과 신뢰까지 더해질 수 있습니다. 유머를 보여준다고 해서 인터넷에서 이것저것 찾아보고 재미있는 이야기를 외워서 소개팅 대화에서 보여주는 것은 무리수일 수 있습니다.

위트나 유머를 보여주려면 당신이 경험했던 재미있는 일화를 덧붙이시길 바랍니다. 당신의 재치에 유쾌하고 유머러스한 남자로서 점수를 더 많이 줄 거랍니다.

> **TIP** 대화 주제는 평소에 미리 많이 읽고, 보고, 들어서 준비해 놓자!

RULE 03 : 전력질주

사자는 토끼 한 마리를 잡더라도
온 힘을 쏟는다!

'썸타기', '어장관리'라고 해서 한 명을 만나 진중하게 연애할 생각은 하지 않고, 연락만 하며 지내는 남성이 있습니다. 그러한 여성들이 어떤 큰 의미가 있는지는 모르겠습니다. '썸'을 타는 남성들의 특징은 소개팅을 하러 나가서도 최선을 다하지 않고 자신이 상처받기 싫어서 적당히 하는 경우가 많습니다. '다음에 이런 모습 보여줘야지', '다음에 이런 멘트 해야지'라고 쉽게 생각하는데 소개팅에서 다음은 없습니다.

오늘 소개팅을 하고 온 여성회원들이 "지난 주말 저녁에 소개팅했던 남자가 연락이 없다가 갑자기 문자가 오는데, 이런 남자들의 심리는 뭔가요?"라고 물어볼 때가 있습니다. 저는 그럴 때마다 "오늘 소개팅 한 사람보다 당신이 더 나아 보여서랍니다"라고 답해준답니다. 많은 썸녀들에게 카톡이나 문자로 "안녕하세요", "뭐 하세요?"라고 말을 건 다음, 반응이 오면 좋고 아니면 말고 하는 식의 생각은 적당한 마음에 불과합니다. 어차피 또 다른 그녀가 있으니까!

이런 남자들 대부분은 주말에 다른 여자와 소개팅이 잘 되지 않은 것이며, 지난주 그녀가 오늘 소개팅한 여성보다 더 예쁘다는 반증이기도 합니다. 그래서 소개팅을 마치자마자 지난주에 소개팅한 여성에게 카톡을 보내는 것입니다. 연락할 수 있는 그녀가 많아 썸타기를 하고 있으면 자신이 인기남인지 착각하기도 합니다. 이런 남자들의 특징은 인기남이 되는 방법은 알지만, 막상 연애는 어떻게 시작하는지 잘 알지 못하며, 유지는 어떻게 하는지 모르는 경우가 많습니다. 늘 주위만 맴돌고 진득한 연애를 하지 못하며, 한 명을 사랑할 줄 몰라 안타깝습니다. 본인도 그녀에게 썸남일 뿐이라는 사실을 왜 모르는지! 그녀가 원하는 건 나를 얼마나 진심으로 좋아하느냐, 적극적으로 다가오느냐입니다.

썸남들은 최선을 다하지 않고, 술렁술렁 툭툭 건드리기만 합니다. 이러면서 연애가 안 된다고 합니다. 200% 쏟아내도 그녀가 넘어올까 말까인데 말입니다. 연애가 끊이지 않고, 원나잇, 헌팅도 자유자재로 하는 연애 고수들을 살펴보면 목표로 정한 여자에게 진심으로 최선을 다한다는 공통점을 갖고 있습니다. 나만큼 너에게 잘해 줄 수 있는 남자가 없다는 느낌으로, 앞으로도 나 같은 남자 못 만날 거라는 확신만 주면 됩니다. 거절당하는 것을 두려워하지 말고, 진심을 담아 최선을 다해보시길 바랍니다. 그래도 넘어오지 않는 여자는 깔끔하게 포기하고, 새로운 여자를 만나보면 됩니다.

TIP 두 번째 만남은 없다, 첫 만남에 최선을 다해라!

RULE 04 : 비전제시

여자가 예상할 수 있는 비전만 보여줘라!

비전(Vision)의 사전적 정의에는 보이는 것, 보이지 않는 것, 2가지 의미가 있습니다. 비전을 제시할 때는 눈에 보이지 않는 것을 보이 게끔 하는 것입니다. 남자들은 자신과 자기가 하는 일을 동일시하며, 자부심이 강하기 때문에 직업에 대해 건드리면 굉장히 기분이 나쁩니다. 당신의 연봉이 적거나 국산 소형차를 모는 것을 보고 뭐라고 얘기한다면, 개념 없는 여자이고, 미련 없이 버리셔야 합니다. 그런데 여성의 미색에 취해 비전제시를 하며 오버하는 것이 문제가 됩니다. 자기 입으로 땅이 어느 지방에 조금 있다거나 아파트가 있으며, 연봉이 얼마라고 얘기를 하는데 눈에 보이지 않는 비전은 오히려 마이너스입니다. 그렇게 말한 내용이 여자 눈에 보여야 합니다. 너무 당연한 상황, 막연한 자신의 꿈이나 희망을 얘기하는 것은 아무런 도움이 되지 않습니다.

예를 들어 연봉이 1억이라고 말하고 패션은 학생들이 입고 다니는 캐주얼, 자동차는 소형 국산 차를 몰고 다닌다면 이상하지 않을까요? 1년 지나면 진급한다는 것은 너무나도 당연한 이치입니다.

소개팅에 나와 창업을 해서 대박을 낼 거라며 다짐을 하는 남자도 있습니다. 바람직한 비전제시 방법은 그녀가 공감할 수 있고 이해할 수 있는 정도면 충분합니다.

업무에 대한 아이디어나 효율성에 대한 이야기를 하나 정도 꺼내어 보면 좋습니다. 은근슬쩍 그녀에게 자신이 하는 업무에 대해서 간단한 이야기를 흘림과 동시에 그녀가 남자분이 어떤 일을 하는지에 대한 궁금증도 해결될 것입니다. 어차피 정답이 있는 것이 아니기 때문에 그녀의 환심을 살 정도로 간단한 마케팅에 관한 아이디어를 물어보는 것도 효과가 좋습니다. 문서 작성에 대한 부분도 좋고, 스마트폰 관련 IT 정보에 대해서 잘 모르는 허점 1~2개 정도는 보여주어 그녀가 가르쳐 줄 수 있도록 하여 남자분의 인간적인 면을 더해 주는 것도 좋습니다. 실제 아무 관련 없는 제 3자가 객관적으로 더 좋은 정보를 전해 줄 수 있습니다. 그녀가 전해 준 정보가 정말 큰 도움이 되었다고 답례를 하고 싶다며 한 번 더 만남을 가질 수 있는 계기가 될 수도 있습니다.

이렇게 눈에 보이는 현실적인 비전을 보여 주어야 그녀가 예상할 수 있습니다. 화려한 비전을 제시한답시고, 자신의 꿈 발표회를 가지는 일은 없길 바랍니다.

TIP 눈에 보여주어야 비전 있는 남자!

RULE 05 : 대화자세

남들이 모르는 소개팅에 최적화된 자세가 있다!

자세에 대한 관점으로만 본다면 단체미팅보다는 소개팅이 확률이 높은 것은 사실입니다. 단체 만남은 자세가 흐트러져 여성분에게 신뢰와 믿음을 주기 어려운 부분이 많습니다.

소개팅에서는 장소도 한몫 합니다. 커피전문점은 의자가 편하지 않아 앉는 자세가 잘 나오지 않고, 어딘지 모르게 불안합니다. 주문하는 곳까지 걸어가야 하는 불편함도 있고, 테이블의 길이가 짧으면 남성분과의 심리적 거리에 부담을 느낄 수 있고, 높이가 낮으면 여성분이 치마를 입었을 경우 불편해할 것입니다. 첫 만남에서 겸손함과 진정성 있는 자세가 좋은 인상을 남깁니다. 소개팅에서 남성의 가장 좋은 자세는 의자에 앉았을 때 테이블과 배 사이는 주먹 하나 정도의 거리를 유지합니다. 그 다음 엉덩이가 의자 끝에 닿을 정도로 해서 무릎이 접히는 종아리 부분으로 의자 앉는 부분을 꽉 잡는다고 생각하시고 접으시되 발바닥이 땅에 닿아야 합니다.

자연스레 허리가 세워지며 팔을 테이블에 놓기 편해지고, 손이 가지런히 모여질 것입니다. 또한, 다리가 의자를 잡음으로 인해 다리를 떠는 모습도 보이지 않고 긴장도 덜 될거랍니다. 긴장이 조금 풀리면 다리를 가지런히 놓는 정도의 자세를 왔다 갔다 하면 됩니다. 주의할 점은 다리를 뒤로 접어 넣은 상태에서 'X자'로 발을 꼬거나 발바닥이 공중에 떠버리면 몸의 균형이 무너져 테이블 위의 팔에 무게 중심이 쏠리면서 기대버리게 됩니다. 이렇게 되면 불편해 보이고 등이 길어 보여 보기 좋지 않습니다. 또한, 팔꿈치를 테이블에 올려놓되 손 위로 턱을 괴거나 기대면 안 됩니다. 여기서 포인트는 대화하면서 팔꿈치 아래의 팔 안쪽 부분과 팔꿈치를 적당히 오가면 손이 자연스레 움직여지면서 동작을 표현하기 쉬워져 대화에 좀 더 적극적으로 임하는 것 같고 여성분과의 시선 맞추는 일이 편해집니다.

다리를 벌려 쩍벌남이 되거나 테이블 밖으로 한쪽 다리가 나오게 되면 몸이 커 보임과 동시에 살짝 건방져 보일 수 있고, 다리를 꼬게 되면 몸이 앞으로 기울면서 움츠러들고 건성으로 소개팅하는 것처럼 보일 수 있으니 주의합니다. 자세 교정이 쉽지 않은 남성분이라면 레스토랑을 이용하시는 것이 자세와 태도로만 보았을 때 여성분에게 가장 높은 점수를 받을 수 있고 진정성 있게 보일 수 있습니다.

테이블 사이의 적당한 거리로 인한 심리적인 부담도 덜어낼 수 있고, 테이블보가 깔려 있어 배 아래로 하체가 보이지 않기에 덜 신경 쓸 수 있습니다.

TIP 소개팅 자세, 시도해 보면 놀라운 결과가 나올지도!

스마트하고 진정성 있는 남자를
더 알고 싶어 한다!

대부분의 직장인 싱글 남성들이 소개팅에 많은 공을 들이고 있는데도 잘 안 된다면 좋은 게 좋은 거라고 교과서에 적혀 있는 것처럼 무난해서 임팩트가 없는지 확인해봐야 합니다. 잘 웃고, 눈도 잘 마주치고, 대화도 끊임없이 잘 이어졌으며 맛있는 음식과 2차로 커피도 잘 마셨는데 더 이상 연락이 안 되거나 그걸로 끝이 나는 경우의 남성분입니다.

여성분 입장에서 나쁜 것은 아닌데 내 남자친구로서 결혼까지 생각하기에는 무언가 말로 표현할 수 없지만, 마음이 움직이지 않는 2%가 부족해 보일 수 있습니다. 지난주에 만났던 남자, 다음 주에 잡혀 있는 소개팅 남성과 별반 다를 게 없어 보이기 때문입니다. 당신만의 특별함과 함께 계속 이 남자를 알아가고 싶은 신비감이 조금 필요합니다.

직장인 소개팅에서는 학벌과 학력이 높고 낮은 것은 크게 문제 되지 않습니다. 요즘은 과외나 학원 강사의 경우, 표현 못 하는 서울대 나온 친구와 지방대지만 가르치는 능력이 뛰어난 사람 중에 후자를 더 선호합니다. 소개팅에 나가서도 착하고 성실해서 그녀만을 위해 줄 것 같은 것은 기본이고, 스마트한 지혜가 있어 보이는 것이 유리합니다. 방법으로는 평소 독서까지는 아니더라도 매일 일어나는 뉴스거리를 다양한 관점에서 보고, 자신의 생각과 의견을 얘기하는 연습도 필요해 보입니다. 요즘은 시사 프로그램도 재미있고, 다양해져서 보고 있으면 도움이 되는데, 이런 것들이 쌓여 내공이 됩니다. 소개팅 여성이 마음에 들어 눈에서 하트 뿅뿅, 미소가 절로 나더라도 너무 좋은 티를 내지 말길 바랍니다. 그녀가 예쁘다면 소개팅했던 남자들마다 똑같은 표정을 지었을 테니 당연한 반응입니다. 오히려 역으로 친한 친구와 만난 것처럼 덤덤한 무표정이 더 유리합니다. 진정성 있는 모습을 말로 표현하기 위해서는 자신이 내뱉는 말을 의식하면서 또박또박 얘기한다고 생각하시면 한 박자를 늦추는 데 도움이 됩니다.

하나의 대화 주제에 자신의 생각을 담아 보시길 바랍니다. 팁을 드리자면 영화 '럭키'에 대해서 얘기를 하더라도 '제 생각에는 어떠하다'고 얘기하면서 마지막에는 "그렇지 않을까요?"라고 동의를 구하는 표현을 써보는 것을 추천합니다. 이런 표현은 당신이 삶에 가치관이 있으며 여자를 이끌어 가되 강하게 리드하는 것이 아닌 존중과 배려까지 해주는 표현이어서 신뢰가 간다고 합니다.

소개팅이 1:1로 만나는 것 같지만 이미 그녀 곁에는 수많은 썸남들이 도사리고 있습니다. 당신이 다른 남자들과 달리 스마트한 지혜를 갖추고 진정성 있게 다가간다면 거부할 여자는 그리 많지 않을 겁니다.

TIP 다른 소개팅 남자들과 달라 보여야 더 알고 싶어진다!

돈을 쓸 줄 아는 남자처럼 보여라!

'세상에 공짜는 없다', '싸고 좋은 것은 없다'라는 말이 있습니다. 연애도 비용을 많이 쓰면 유리한 건 사실인데 이 부분을 이해하시면 도움이 될 거랍니다.

먼저, 남녀가 서로에게 마음이 움직이는 속도가 다르다는 것을 이해해야 합니다. 남자는 여자의 외모만 보고 바로 들이대지만, 여자는 다릅니다. 마음에 들어도 내색하지 않고, 남자의 단순한 호기심인지, 진심을 알고 싶어 하기에 시간을 두고 그의 마음을 확인하고 싶어 첫 만남에는 그냥 호의를 받는 여성분도 많습니다.

두 번째는 반드시 갑과 을이 존재한다는 것을 머릿속에 늘 염두에 두시길 바랍니다. 남자가 60%, 여자가 40% 좋아하고 있다면 남자가 연애의 을이 되는 것입니다. 당신이 호감이 있는 만큼 그녀도 똑같이 좋아하고 있다는 전제를 두는 순간, 당신의 연애는 어렵고 힘들어집니다. 왜냐하면, 당신이 그녀에게 물질과 마음을 주면서 그녀도 똑같이 당신에게 해주길 바랄 테니까요! 그녀가 마음에 든다면 식사를 같이 하길 원할 것입니다. 1차만 끝내기 아쉬워 집에 보내기 싫고 2차, 3차로 그녀와 함께 있고 싶다면 돈 쓰는 것에 인색하거나 아까워하지 마시길 바랍니다. 여성분이 먼저 고르고 나서 메뉴판을 받으시고 음료나 와인, 샐러드 종류 등을 하나 더 주문합니다. 예를 들어 스파게티 2개에 샐러드나 피자 하나 더 시켜서 푸짐하게 보이도록 하세요. 다 먹으려고 시키는 게 아니라 당신이 돈을 쓸 줄 아는 남자로 보이기 위함이 포인트입니다. 먹는데 아끼면서 취미가 '맛집 찾기'라는 모순적인 발언은 하지 않길 바랍니다. 여성분 입장에서 2차 얘기가 없더라도 그녀를 집에 보내기 싫다면 먼저 커피나 칵테일을 한잔 하자고 하는 것도 좋습니다. 그녀가 커피를 산다면, 케이크나 초콜릿은 당신이 추가로 사주시길 권합니다. 비용을 쓰면서도 아까워하고 어정쩡 망설이면 그런 연애밖에 못 합니다. 첫 만남에는 아낌없이 써야 이 사람과 사귀게 되면 인색하지 않아 맛집도 가고, '나한테 잘해주겠구나'하는 생각이 드는 건 당연한 거랍니다.

만약, 두 번째 만남에서도 커피값을 내지 않는다면 좋지 못한 경험이었다고 생각하세요! 이런 경험도 쌓여야 좋은 여자를 가려낼 수 있는 역량이 생깁니다. 매일 좋은 날만 있을 순 없으니까요!

> **TIP** 연애도 하이 리스크 하이 리턴!(High Risk, High Return!)

RULE 08 : 소개팅 애프터

———

애프터 3법칙을 만족해야
2번째 만남이 가능하다!

우선, 직장인 여성이 소개팅에 당신을 만나러 나온다는 것은 당신의 스펙, 즉 서류는 통과했으니 안심하셔도 됩니다. 그렇지 않으면 당신을 만나러 나가지도 않았을 테니까요. 그럼에도 불구하고 애프터가 되지 않아 거절당하더라도 자신의 학력이나 학벌, 직장, 직업 등의 스펙 탓으로 돌리며 자책하지는 않길 바랍니다.

직장인 소개팅에서 다음 만남이 되기 위해서는 '애프터 3법칙'을 만족시켜야 합니다. 아무리 스펙이 좋다고 한들, '이미지, 대화력, 비전' 3가지를 충족시켜 주지 못하면 여성분이 애프터를 거절할 것입니다.

백화점에 좋은 물건을 사러 갈 때는 차려입고 가야 대우받는다는 말이 있습니다. '이 남자 스펙은 좋다고 하더니 스타일이 별로네'라는 말이 나와선 안 됩니다. 여자도 남자의 외모도 보지만 스타일에서 보이는 이미지를 중요하게 생각합니다. 스타일에 신경을 쓰는 것은 아무리 강조해도 지나치지 않는 것 같습니다. 남자들끼리 여자 연예인을 보면서도 '저 여자 외모는 예쁜데 입만 열면 깬다'라고 합니다. 대화력은 하루아침에 바뀌는 것이 아니기에 평소에 센스 있는 말투와 교양을 길러 어떤 대화라도 가능하도록 미리미리 준비하셔야 합니다. 남자는 외모가 조금 아니더라도 세련된 언어만 구사하더라도 미인을 가질 수 있는데 무식함과 무지가 철철 넘치면 그녀는 당신을 절대 선택하지 않습니다. 가볍게 인사를 나누고 간단히 자신의 소개를 합니다. 그런 후 그녀의 성격을 재빨리 캐치하고, 공통점 3가지를 빨리 맞추는 노력을 하셔야 합니다. 5분 내 한 가지라도 나와야 합니다. 정말 아무 생각이 없어지고, 할 말이 생각나지 않는다면 맞장구라도 치면서 다음 멘트를 계속 생각하셔야 합니다. 마지막으로 당신을 만나면 즐겁고, 앞으로의 비전이 있는지가 확인되어야 합니다. 직업이나 업무적인 부분이나 하는 일에 대해 말해주는 것이 좋습니다. 이 부분이 확실하지 않으면 당신에게 미래를 맡기기는 어렵다고 판단하여 선택하지 않을 수 있습니다.

이것이 바로 '애프터 3법칙(이미지, 대화력, 비전)'입니다.

여성분이 소개팅에서 급한 일이 있다거나 다음 약속이 있다며 먼저 일어나거나 마무리하려 한다면 3가지 중 하나가 당신에게 크게 문제가 있다는 것입니다. 이럴 경우, 자신의 상태를 점검하고 주위 이성분이나 전문가에게 상담을 해 볼 필요가 있습니다.

TIP 애프터 3법칙(이미지, 대화력, 비전)을 점검하자!

RULE 09 : 소개팅 마무리

집에 잘 보내는 것도 전략!

소개를 받고 첫 만남에서 데이트를 하다 보니 시간이 많이 늦었습니다. 당신은 어떻게 그녀를 집으로 보낼 건가요? 집에 잘 보내는 것도 소개팅의 일부분이며 이에 대한 전략이 필요합니다.

차가 있다면 그녀를 집이나 목적지까지 데려다줄 수 있습니다. 미리 차 안을 정리해두어야 합니다. 특히 다른 여자의 흔적이 있으면 그걸로 끝이니 주의하시길 바랍니다. 당신의 경제적 능력을 알아보는 수단(차종)이기도 하기에 차에 탈 것입니다. 만약, 거부한다면 당신이 진짜 마음에 들지 않거나 매너 없는 행동 및 무언가 아직은 편하지 않기 때문입니다. 차가 없는 경우, 그녀에게 호감이 있어 함께 더 있고 싶은 마음에 마무리가 모양 빠지는 경우가 많습니다. 늦은 시간이라면 택시를 잡아서 그녀를 태워 보내야 합니다. 황금 시간대에 택시를 잡아주는 것도 능력이 있는 것으로 여겨져 포인트를 얻을 수 있습니다. 요즘은 카카오 택시를 많이 이용하는데 택시를 불렀다면 남성분은 돌아가도 되고 여성분의 의사를 물어보고 함께 기다려 주어도 좋습니다.

당신이 택시비를 지불하지 않으니 걱정하지 마세요. 여기서 만 원짜리 몇 장 꺼내어 기사님에게 건네면서 "잘 부탁드립니다" 인사를 하면 여성분과의 만남은 거기까지입니다. 택시번호를 카메라로 찍거나 외워서 그녀에게 문자로 보내주고, 집에 도착하시면 잘 들어가셨는지 문자 한 통 달라고 하세요. 그렇게 하면 당신은 뼛속까지 매너 있는 남성으로 보입니다.

버스라면 정류장에서 함께 기다려 주고, 그녀가 버스 타고 가는 모습까지 보고 가길 바랍니다. 그녀의 집이 경기도나 인천지역이라 주황색 버스(또는 M버스)라면, 버스를 줄 서서 기다려야 하므로 그동안 그녀를 즐겁게 해주길 바랍니다. 이때 간단한 먹거리가 유용한데 사탕이나 초콜릿, 캔 커피를 건네는 것도 좋습니다. 그녀가 버스를 타고나서 당신과 눈이 마주쳐 미소를 날려주거나 손 흔들어주면, 마음이 없진 않다는 겁니다. 지하철일 경우, 반대방향이면 먼저 보내고 같은 방향일지라도 함께 타지 않습니다. 혼잡한 틈에 서로가 마이너스 요소를 보여줄 수 있으니 다음 열차를 타도록 하세요.

당신을 마음에 들어 하지 않는 경우는 먼저 작별을 고하는 멘트를 할 겁니다. "어떻게 가세요?", "잠깐, 들릴 곳(볼 일)이 있어서…", "먼저 들어가세요…"라고 말하거나 발걸음을 맞추지 않고 앞서 가는 상황이라면 잡지 말고, 미련 없이 보내주길 바랍니다.

> **TIP** 교통수단으로 마무리 포인트를 획득하자!

RULE 10 : 소개팅 진상

깔끔하게 물러나고,
다음을 위한 자양분으로 삼는다!

사람은 스스로에게 관대합니다. 남자들은 특히 자존심이 센 동물이기에 자신은 문제가 없고, 중간 이상이라고 생각하겠지만, 상대 여성들에게는 당신이 진상남일 수도 있습니다. 만약, 3명 이상이 같은 이유로 당신을 거절했다면 그 부분은 반드시 고쳐야 합니다. 상대 여성들이 공통적으로 느끼는 거라면 남들이 봤을 때 당신도 모르는 연애에 관한 나쁜 습관일수도 있습니다. 소개팅을 하고 나서 애프터 거절도 한 두 번이지 3번 이상 잘 안 되면 짜증이 나는 것은 당연합니다. 하지만 근본적으로 자신에게 문제가 있음에도 고치려 하지 않고 기회와 횟수만을 제공받으려 하면 자꾸 꼬여만 갑니다.

그녀가 잘 웃어주었고 분위기가 좋아서 자신을 좋아하는지 알았는데 애프터를 받아주지 않자 장문의 문자나 카톡으로 욕설하는 남자도 있습니다. 소개팅 여성은 기분 나쁜 것도 잠시, 당신을 선택하지 않은 것에 안도의 한숨을 내쉴 거랍니다. 여자는 남자보다 많은 생각을 거듭하고 고민 끝에 내린 결정인지라 당신이 설득해서 나와 사귀자는 식은 많이 힘들답니다. 사랑하는 사람과 사귀다가 헤어지는 이별을 한 것도 아닙니다. 시작도 하기 전에 서로가 맞지 않다고 판단하여 여성분이 사양을 한 것뿐이랍니다. 기분은 썩 좋지 않지만, 여성분의 결정도 받아들이고 존중해줄 수 있어야 어른입니다.

앞으로 바뀌고 잘 되고 싶다면 자신을 거절한 여성분에게 정중하게 요청해보시길 바랍니다. '이것도 인연인데 자신이 여성분에게 어필하지 못한 부분이 무엇인지 알려주면 정말 도움이 되겠다'면서 쓴소리해도 좋으니 솔직하게 한 가지만 말씀해 달라고 요청해보세요. 직접적으로 말하기 곤란하면 주선자에게 얘기해달라고 하셔도 됩니다.

이 방법은 직접적으로 듣는 연애 컨설팅이기에 순간 기분이 좋지 않을 수도 있고 조금 충격을 받을 수도 있지만, 그 어떤 전문가가 얘기하는 것보다 귀에 쏙쏙 들어오고 바뀌어야 하겠다는 의지가 생겨나실 거랍니다. 그래도 당신이 잠시나마 호감을 가졌던 사람에게 감사히 생각하고, 그녀에게 자신에게 필요한 연애 Tip을 얻어 자양분으로 삼길 바랍니다.

더 멋진 남자로 바뀌고 노력하셔서 당신을 거절했던 그녀보다 더 멋진 사람을 만나는 것이 통쾌한 복수가 될 것입니다.

TIP 똑같은 이유로 거절당하지 않는다!

9장
소개팅 대화법

자기PR, 피(P)할건 피하고
알(R)릴건 알려라!

RULE 01 : 공감주제

———

대화가 막히면 학창시절로 돌아가라!

아무리 아는 것이 많고 학벌이 좋은 사람, 학력이 높은 사람도 소개팅에 나가면 할 말이 없다고 합니다. 만담꾼도 소개팅을 하면 버벅대면서 무슨 말을 해야 할지 잘 모른다고 합니다. 싱글 남녀가 소개팅할 때 대화주제가 중요하다는 것은 누구나 잘 알고 있습니다. 연애 전문가랍시고 얘기하는 사람들은 공감대를 형성할 수 있는 얘기를 하라고 합니다. 그들이 말하는 소개팅에서 가장 좋은 대화는 최근에 본 영화나 노래, 좋아하는 연예인이나 드라마, 예능 등의 가십거리를 얘기하면서 가볍게 풀어 나가라고 합니다. 예를 들어 영화 '곡성'의 결말에 대해서 이것저것 얘기를 하며 오랜 시간 그녀와 함께 할 수 있고, 재미있는 예능, 유머러스한 대화로 분위기를 화기애애하게 만들 수 있습니다.

하지만 거기까지입니다. 분위기도 좋았고, 그녀가 많이 웃었기에 잘 될 것 같다는 생각을 하고 연락을 하지만 더 이상 그녀와 연락이 되지 않는 경험을 한 적이 있을 겁니다. 그들의 대화 내용을 살펴보면, 처음 본 사람과 영화평론 및 가십거리로 그냥 열심히 떠들고만

온 분들이 대부분입니다. 소개팅의 목적은 그녀와 당신이 얘기하면서 서로 잘 맞는지 알아보는 과정입니다. 취미나 특기를 얘기하면서 맞추어 볼 수도 있는데 서로 좋아하는 분야이고 당신이 알고 있다면 다행이지만 자신과 다른 취미라거나 전혀 알지 못하는 분야라면 맞장구칠 수도 없고, 대화가 이어져 나가지 못한다면 그 소개팅은 이미 끝났다고 봐도 무방합니다. 학생과 달리 직장인은 서로 하는 일에 대해서 자신의 분야가 아닌 이상 얘기해도 잘 모르고 어떤 노력과 일상으로 살아가는지 경험해보지 못했기 때문에 아무리 자신의 자랑을 하고 좋은 얘기를 해봐도 와 닿지 않습니다. 소개팅에서 누구나 가장 공감할 수 있는 얘기라면 그나마 학창시절의 이야기입니다. 재미난 일화는 누구나 있습니다. 조금씩 꺼내어 맞추어 보면 됩니다. 학교 축제에 어떤 연예인이 왔는데 자신은 어떤 멤버가 실제로 보니 가장 괜찮아 보였다거나 술을 본격적으로 마시게 된 계기, 처음 클럽에 가본 이야기, 어떤 동아리에 가입했고 직책이 이랬으며, 토익 학원은 어디로 다녔다는 등 학창시절을 어떻게 보냈는지 알려주게 되면 여성분도 맞장구를 치며 공감하기 쉬울 겁니다.

자신이 어떻게, 어떤 사고방식으로 살아왔다는 것을 얘기해주는 것이 되며 가치관을 맞추어 보는 작업이 됩니다. 당신의 모교에 대해서 와 본 적이 있거나 알고 있으면 금상첨화입니다.

> **TIP** 한때 우리들은 누구나 학생이었다.

RULE 02 : 고해성사

———

물어보지 않은 건 먼저 얘기하지 않는다!

점수를 얻기 위한 노력이지만 물어보지도 않았는데 먼저 답안을 제시하면서 허세 및 잘난 척으로 들리는 가장 큰 실수 4가지를 말씀드리겠습니다.

첫 번째는 부모님의 노후를 걱정할 필요가 없다고 말씀하는 분이 있습니다. '공직에 있었다거나 높은 곳에 있으셨다가 퇴직하셨다'라고 말씀하시는데, 사실 유무와 상관없이 당신은 오늘 처음 만났고, 서로 만난 당사자 간에 알아가는 것이 우선입니다.

두 번째는 자신의 명의로 집이 있다고 먼저 말하는 것입니다. 물론 요즘 같은 세상에 집이 서울에 있든 경기도에 있든 대단한 사실입니다만 '당연한 거 아냐?'라고 생각할 수도 있습니다. 하물며 부동산에 대해서 말씀하시는 분도 있는데 부모님까지 끌어들이면서 어느 지역에 땅을 조금 가지고 있다거나 건물이나 주식 얘기하는 사람도 많습니다.

세 번째는 자신을 대단한 사람이라고 소개하는 것입니다. 대단한 스펙을 가지고 있어 실제 사실을 얘기하시는 분들도 있습니다만 여성분의 입장에서는 '저렇게 대단한 사람이 나를 좋아할까?'라고 생각을 한답니다. 진짜 스펙이 좋은 남성분은 이런 질문을 많이 받는지라 물어보더라도 쑥스러워 답을 머뭇거리거나 적당히 얘기하고 넘어갑니다.

네 번째는 앞으로의 다짐이나 꿈, 목표는 얘기하지 않는 것이 좋습니다. '내년이면 과장이 됩니다, 공무원 8급이 됩니다, 연봉이 오릅니다, 앞으로 무슨 자격증을 딸 것이고, 어떤 사업을 할 것이며, 봉사도 많이 하며 살 것입니다'라는 내용입니다. 비전 있는 남자로 보이고 싶어서 얘기한 것이지만 하루가 멀다 하고 앞으로의 일은 아무도 모른답니다. 여성분이 앞으로 어떻게 살 것이냐 물어보는 경우도 없겠지만, 남성분들이 먼저 대답을 하고 있습니다.

첫 만남에서는 눈앞에 보이는 사실만 중심으로 두 사람 간에 좋은 감정이 오갈 수 있는 대화에 임하셔야 합니다. 보이지 않는 사항은 물어보기 전에 먼저 말씀해봤자 별 도움이 되지 않습니다.

> **TIP** 자기 입으로 자랑은 하지 않는다!

세련된 말투로 Upgrade, 대화력 기르기!

당신의 언어구사력과 발음의 부정확성으로 인해 무식해 보이면 그 소개팅은 어렵습니다. 말을 맛깔나게 하는 사람을 보신 적이 있을 겁니다. 하나의 소재를 가지고도 자유자재로 가져 노는 정도입니다. 이렇게 세련된 언어구사력과 말투를 가진 남성이라면 스펙이나 능력 등에 상관없이 여성분은 쉽게 빠져듭니다.

언어구사력은 당신이 하는 일을 판단할 수 있고, 살아온 경험이 녹아져 생기는 거랍니다. 말투는 당신의 호흡과 말의 높낮이, 느낌이 함께 전달되는 과정이랍니다. 하루아침에 세련된 말투와 교양과 상식 등으로 무장하고 바꾸기는 어렵겠지만, 최소한 당신의 무지함이 들통 나는 일은 없어야 됩니다. 질문을 해도 잘 모르고, 논리나 이해도가 부족한 경우도 있으며, 부정확한 발음으로 얼버무려 버리거나 대화가 침묵이 흐르기도 합니다. 반대로 너무 촐싹대거나 시대 흐름에서 벗어난 정보에 대한 얘기나 웃음코드, 썰렁한 분위기를 만들면 진정성이 떨어지는 사람으로 오인되기 쉽습니다.

주위의 얘기를 들어 본 후 자신이 언어구사 및 대화력이 부족하다고 판단되면, 스피치 학원을 다녀 보는 것도 좋은 방법입니다. 수업은 재미있게 진행되며 자신의 말투와 언어구사에 관련된 논리도 점검받을 수 있고 많은 사람 앞에서 말하는 것을 연습시키기도 하기에 말하기 실력이 늘고 자신감이 붙어 여성과 대화를 잘하는 것뿐만 아니라 직장에서도 도움이 됩니다. 또한, 스피치 학원에는 강사를 준비하는 분들도 많고, 스튜어디스나 아나운서를 준비하는 괜찮은 여성분도 많이 다닌다는 팁을 드립니다. 또 다른 방법으로 소개팅도 많이 하다 보면 요령이 생기게 마련입니다. 소개팅 대화는 어느 정도 예상이 가능합니다. 여성분이 질문할 것에 대한 예상 질문에 답변을 만들어 소개팅하고 난 이후 계속 세련된 멘트로 업그레이드 해 나가며, 눈 감고 머릿속에서 계속 생각하면서 긍정적인 결과를 그려 보는 것도 많은 도움이 됩니다

> **TIP**　소개팅 대화는 어느 정도 정해져 있다!

RULE 04 : 연애경험

과거의 연애사는 얘기하지 않는다!

    서로에 대해 가장 궁금한 것 중에 하나가 과거의 이성 친구와 연애 이야기일 것입니다. 여자는 당신의 연애스타일, 왜 헤어졌는지, 얼마나 사귀었는지에 대해 알고 싶을 것입니다. 더 이상 할 이야기가 없어지면 그냥 툭 던지는 대화 주제일 수도 있습니다. 하지만 여성분이 당신의 과거 연애사에 대해서 물어본다면 주의해야 합니다. 당신의 연애 가치관과 연애 라이프 스타일이 공개되기 때문입니다.

    타인의 연애사는 누구나 흥미로운 대화 주제입니다. 그냥 재미없는 소개팅이 될 뻔 했는데 이 주제 하나로 여성분이 눈은 번쩍, 귀는 쫑긋하기 시작한 모습을 보고 당신도 모르게 과거의 여자친구에 대해서 얘기를 늘어놓기 시작합니다. 소개팅 여성이 집중하며 자세히 물어보기도 하고, 맞장구까지 쳐주고 있다 보니 흥이 나서 더 신나게 얘기를 합니다. 과거의 여자친구에 감정이입까지 하며 당신을 판단하기 시작합니다. '저 남자 다혈질이구나, 여자 고생 시키겠네' 등 '당신과 사귀게 되면 어떨까?'라는 것을 생각하게 됩니다. 분위기도 좋았고, 큰 웃음이 나기까지 해서 소개팅 여성과 잘 될 줄 알았는데 그녀는 애프터에 대한 대답이 없습니다. 당신만 이유를 모르고 답답해합니다. 이미 당신은 자신의 연애정보를 탈탈 털렸고 그녀는 당신과 사귀는 상상을 했고, 그 끝을 간접 경험했기 때문입니다.

당신이 몇 명이나 사귀었고, 연애 기간은 평균 얼마나 되며, 연애할 때 나쁜 습관은 어떻게 되는지 파악되었습니다. 종합해보니 당신과 사귈 수 없다는 결론이 나온 거랍니다. 과거의 연애사를 물어볼 때 솔직해지면 안 됩니다. 꼬투리가 잡힐 수 있습니다. 예를 들어 연애 기간이 3개월이었다고 하면 "그 전에도 그랬나요? 저도 3개월만 만나고 헤어지겠네요"라는 식으로 안 좋은 쪽으로만 생각하게 됩니다. 어차피 확인도 안 되는 거 본인에게 유리한 쪽으로 공수표를 날리셔도 됩니다. '연애 기간은 1년, 헤어진 지는 6개월 정도, 이유는 성격 차이'라는 모범답안과 함께 역 이용하셔서 센스있는 세련된 답을 하세요.

과거의 여자친구가 먼저 헤어지자고 했는데 다시 매달렸다고 하셔도 좋습니다. 당신은 잘못한 게 없고 어떤 문제도 없었으며, 결국은 여자가 매달리는 매력적인 사람이니까요!

TIP 남자의 연애사는 가슴 속에 묻어둔다!

RULE 05 : 이상형

이상형이 어떻게 되세요!

본전도 찾지 못할 질문을 본인이 직접하고 상처받는 소심한 남성분들이 많습니다. 이런 남성들은 여성에게 "이상형이 어떻게 되세요?"라고 많이 물어봅니다.

질문을 받은 여성은 연예인을 모델로 상상하면서 실제 자신의 이상형을 얘기합니다. 이상형은 현실 세계에는 존재하지 않습니다. 이상형이 바로 당신이라고 할지라도 솔직하게 말할 여성은 아무도 없을 겁니다. 첫 만남에 당신을 좋아한다고 고백해버리는 건데 어떤 여성분이 그렇게 답변을 할까요? 이상형을 물어봐서 대답을 한 것뿐인데 자신이 이상형이 아니라고, 그때부터 여성분과 잘 되지 않을 거라고 믿으며, 의욕이 꺾인 채 소개팅을 마무리하고 집으로 향하는 남성분들이 많습니다. 집에 와서 후회하며, 자신은 그녀가 원하는 사람이 아니라고 자책하지만 그래도 그녀가 자꾸 생각납니다. 이때 포기 하지 말고 마음에 들면 애프터 신청을 바로 하셔야 합니다. 괜히 이상형에 관한 멘트 때문에 연락하지 않고 미루다가 며칠 지나서 시기를 놓치는 분들이 많습니다. 연락을 해보니 그녀로부터 답장이 오거나 연락이 계속됩니다. 더 잘해야겠다는 생각에 그녀가 얘기한 이상형이나 그 연예인을 자신에게 맞추어 패션이나 행동 등을 따라 하는 것은 우스꽝스러울 수 있습니다. 그녀의 이상형은 잊으시고, 자신만의 스타일로 2번째 만남에 최선을 다하셔야 합니다. 만약 여성분이 이상형에 대해 물어보면, 살짝 돌려서 그녀라고 코멘트를 날려주시길 바랍니다.

"오늘 만난 것 같습니다", "바로 앞에 있는 것 같습니다", "○○씨 정도면 정말 제가 원하는 이상형에 가깝습니다"라고 은연중에 좋아한다는 고백까지 해버리면 1석 2조의 효과를 보실 수 있습니다. "에이, 거짓말하지 마세요, 말씀만이라도 감사합니다"라고 하면 자신의 이상형을 그녀의 특징을 잡아서 하나씩 상세하게 얘기해주시면 됩니다.

제가 꿈꾸던 이상형은 예를 들어 "키가 아담하고 긴 생머리에 눈이 크고, 너무 마르지 않은 핑크색 옷이 잘 어울리는 분인데 바로 앞에 계시네요"라고 얘기해주세요.

구체적인 칭찬까지 더해졌기에 거짓말이라도 싫어하는 여성분은 아무도 없습니다.

> **TIP** 나의 이상형은 바로 앞에 있는 여성임을 잊지 말자!

RULE 06 : 질문과 답변

———

듣고 싶은 대답을 듣게 해줘라!

남자들은 클럽이나 나이트에서 작업할 때 보면 있어 보이기 위한 거짓말을 잘 합니다. 한번 보고 마는 거라서 그녀가 듣고 싶어 하는 좋은 말만 해줍니다. 하지만 직장인 소개팅에서 남성분들은 너무 솔직합니다. 진지한 만남이라는 건 알겠는데 당신의 외적으로 드러나는 사항 외에 굳이 여자라면 싫어할 사항들을 먼저 나서서 얘기할 필요가 있을까요?

여자라면 누구나 멋진 남자, 백마 탄 왕자님을 원합니다. 동화 속의 왕자님은 현실에 없고 자신을 선택하지 않을 거라는 것도 잘 알고 있습니다. 남자들이 예쁜 여자 연예인을 좋아하고 꿈꾸듯 여자들도 이왕이면 잘 생기고 능력 있는 남자와 뚜껑 열리는 자동차를 타며 알콩달콩한 연애를 해보길 꿈꿉니다. 굳이 첫 만남에서 불리한 얘기는 먼저 나서서 하지 말고 여성분이 당신과 사귀게 된다면 약간의 환상은 가질 수 있도록 듣고 싶은 대답을 해주면 됩니다.

예를 들어 당신이 게임을 정말 좋아한다고 가정합시다. 소개팅에서 당신의 이상형이 나왔는데 게임 좋아하는 남자는 싫다고 합니다. 먼저 나서서 "저는 게임을 엄청 좋아합니다"라고 말하지 마세요. 여성분이 매운 음식을 좋아한다고 하면 싫어하는데도 맞장구치며, 한 발짝 더 나서서 떡볶이를 좋아한다며 정말 매운 음식을 파는 음식점 한 군데를 추천해 달라며 함께 가보자고 해도 좋습니다. 교회를 다닌다고 하면 거부감이 없다고 대답하고 한 번쯤 따라 나가보는 것도 괜찮습니다. 술을 못 마신다고 하면 자신도 거의 마시지 않으며 자리에 따라 한두 잔 정도 마신다고 하면 됩니다. 남성분이 좋아하는 것을 여성분이 싫어할 수도 있고, 여성분이 좋아하는 것을 남성분이 싫어할 수 있습니다. 먼저 질문을 "이거, 좋아하시나요?"라고 긍정적으로 묻고, 맞장구치시면 됩니다. 여성분의 질문에는 눈치껏 다수의 여자가 좋아하는 쪽으로 답을 하시는 게 좋습니다. 여성분이 자신이 독특한 거라고 한다면 그런 취향을 이해할 수 있는 모습을 보여주면서 역으로 더 좋다는 식으로 하면 여성분에게 이해심 많은 남자로 좋은 인상을 남길 거랍니다.

TIP 어떤 질문과 답변에도 그녀와 공감대를 형성한다!

RULE 07 : 대략난감

자기 주장하지 말고, "왜"라고 묻지 마라!

대화 주제를 영화나 음악에 맞추어 보려는 시도를 하다 보면 그냥 '툭' 던지는 소재인데 그녀가 꽤 흥미를 보이며 반응을 보일 수가 있습니다. 이야기하다 보니 자신이 경험했던 부분인지라 혼자 신나게 떠들어 버릴 수도 있습니다. 그런데 상대방 여성이 "이 부분은 이렇지 않나요?", "저는 그렇게 알고 있는데요"라는 반문을 할 경우, 긍정적으로 받아들이고 "아, 그런가요? 제가 몰랐던 부분이네요"하고 그녀의 얘기를 수긍하며 들어주길 바랍니다. 간혹 소개팅을 하다가 자신이 아는 분야라고 해서 여성분이 반문을 하고 나오는 경우, 남자분은 지지 않고 자신의 얘기가 맞다는 식으로 주장을 굽히지 않고 밀어붙이는 경우가 생길 수 있습니다.

한마디로 웃자고 한 얘기인데 목숨 걸어 버리는 꼴이 되어 버립니다. 물론 당신의 의견이나 경험한 것이 사실이고 맞는 것일 수 있습니다. 하지만 지금 당신은 그녀에게 호감을 얻고자 하는 소개팅 상황입니다. 목적달성을 위한 대화만 되면 되는데 아는 분야에서 자신도 모르게 상대 여성의 의견을 묵살해 버리는 경우가 생길 수 있으니 유의하시기 바랍니다. 하다못해 정치, 종교 이야기 등이 나올 수도 있는데, 이때는 자신의 의견을 피력하거나 주장하지 말고 적당히 방관된 태도로 빨리 끊고 다른 화제로 돌리시는 것이 좋습니다. 그게 힘들다면 잠시 화장실을 다녀오면서 잠시 환기시킨 후 새로운 대화 주제를 모색하는 것도 방법입니다. 남자가 소개팅이나 첫 만남에서 가장 많이 하는 대화 실수가 '왜'라는 질문하기인데 입에서 꺼내는 순간, 여자는 당황할 것이며, 헤어질 확률이 높아집니다. "왜 솔로이신가요?", "왜 헤어지셨나요?", "왜 이런 거죠?", "왜 그렇게 생각하시나요?"라는 질문에 반대로 남자도 바로 답변을 못할 겁니다. 물론 답을 해도 본전도 찾지 못하는 경우가 많습니다. 무턱대고 던진 질문일 수 있지만, 소개팅 상대를 궁지에 몰아넣고 곤란하게 만드는 것입니다.

그녀와 두 번 다시 만나고 싶지 않다면 써도 무방합니다.

TIP 소개팅은 자신의 의견을 주장하는 토론장이 아니다.

내가 질문하고 내가 답변 후 상대 의견 묻기!

말 주변이 없다는 고민은 그만 하세요. 노력하면 됩니다. 연습만이 살길입니다. 우선, 이성을 만날 수 있는 자리를 많이 가지면서 소개팅에 익숙해질 필요가 있습니다. 또한, 이런 내용에 이런 반응, 저런 반응이 나온다는 것도 알아두길 바랍니다. 여성분과 처음 만나는 자리에서는 경청의 자세는 전혀 도움이 되지 않습니다. 대화를 이끌어 나가야 하는 책임이 남자에게 있기 때문입니다. 말하기를 주도해 나가면서 상대 이성과의 공감대를 찾아가며 공략해 나가야 합니다. 동시에 상대 여성분이 자신의 얘기를 할 수 있도록 분위기와 대화를 이끌어 주어야 합니다. 소개팅이나 첫 데이트에서 대화를 잘하는 방법은 하나의 주제에 대해서 내가 질문하고 내가 답한 후, 상대의 의견을 물어보는 것입니다. 이 과정을 반복하며 상대의 긍정적인 답변이나 표정을 보면서 가지치기를 해 나가면 됩니다. 주제는 누구나 대답하기 편하고 좋아할 만한 주제를 던지는 것이 좋습니다. 예를 들어 "고기 좋아하세요?"라고 질문한 뒤 '저는 고기라면 다 좋다'라고 답변 후, 어떤 고기를 좋아하냐고 상대의 의견을 물어봅니다. 소고기를 좋아한다고 하면 백주부 백종원씨가 최초로 개발했다는 '우삼겹'을 드셔보셨냐고 묻고 "아니요"라고 하면 신나는 설명과 함께 먹으러 가자고 얘기를 하면 됩니다. 자신이 질문하고 대답을 먼저 하기에 대화가 끊기지 않고, 곤란한 상황에 빠지지 않으며 당신이 대화를 이끌어 가기 때문에 리드하고 있는 것을 보여줍니다. 또한, 상대 여성분에게 생각할 시간을 주기 때문에 소개팅에서 가장 적합한 대화법이랍니다. 여자들이 좋아하면서 남성분이 가장 답변하기 편한 주제가 음식입니다. 맛집과 음식, 커피나 디저트류에 대해서 알아두시면 많은 도움이 될 거랍니다. 영화나 음악, 공연, 여행의 경우 여성분이 좋아하는 주제입니다만 취향에 따라 다르고 남성분이 모르고 있는 거라면 당황할 수 있습니다. 스포츠, 게임은 본전도 못 찾고 운동은 여성과 남성이 선호하는 게 달라 생각보다 공감대 형성이 어렵습니다.

TIP 말하기를 주도하되, 편하게 답할 수 있게 질문하라!

RULE 09 : 직업에 대해 물어보면

규모, 소속, 업무 순으로 답해준다!

"어떤 일 하세요?"에 대한 답으로 남자는 자신의 능력과 연관되는 부분인지라 부풀려 얘기하거나 장황하게 설명하려는 경향이 있습니다. 누구나 들으면 한 번에 알 수 있는 직업이라면 고민할 필요 없이 얘기하면 됩니다. '약사'라고 하면 한마디면 됩니다. 페이 약사인지 동업을 하는지는 궁금하지 않습니다. 직장이 확실하게 알려져 있는데 사회적으로 선호하지 않는 일 쪽에 있는 분들은 주눅들어 대답 못 하는 분도 있는데, 짧고 간결하게 얘기하면 됩니다.

예를 들어 ○○전자에서 A/S 수리하는 업무를 한다고 해도 '○○전자 서비스팀', '○○전자 고객 만족팀'에서 기술업무를 하고 있다고 얘기하고 끝내면 됩니다. 회사명만으로 알 수 없는 직장일 경우, 아무리 친절하게 열심히 설명을 해줘도 여성분은 이름 들어본 회사가 아닌 이상 관심도 없고 모릅니다. 직업 및 하는 일에 대해서 물어보면 '규모-소속-업무' 순으로 3가지만 말씀하시면 됩니다. 보청기 회사에서 영업을 하는 남성분은 자신이 하는 일에 자부심이 있지만 "어떤 일하세요?"라는 소개팅 여성의 질문에 매번 회사 소개로 애를 먹고 있었습니다. 본사가 외국계였다는 점과 부서명을 확인한 후, "저는 외국계 회사(규모) 헬스케어팀(소속)에서 마케팅(업무) 일을 하고 있습니다"라고 소개를 권장했습니다. 이후 여성분이 뭐라고 물어볼 것도 없고, 남성분 입장에서 거짓말한 것도 없습니다. 이후 몇 번을 더 만나며 헬스케어 중에서 보청기 쪽이라고 얘기했고, 판매 및 관리 쪽도 겸한다고 얘기하며 여성분의 심사에 통과하여 자신의 매력을 발산할 기회를 얻어 여성분과 연애를 잘 하고 있다고 연락이 왔습니다. 일반적으로 규모는 대기업, 중견기업, 외국계 기업까지 대분류로 얘기하되 중소기업이라는 표현을 써가며 말씀하실 필요는 없습니다. 요즘 하도 이름 변경도 많아 소속팀은 최대한 멋있게 표현하되 '경영 및 지원, 관리'라는 표현이 들어가는 게 무난합니다. 담당 업무의 경우 영업은 마케팅, 서비스는 고객관리, 기술은 연구 및 관리라는 표현으로 바꾸시길 바랍니다.

> **TIP** '아' 다르고 '어' 다르다.

RULE 10 : 외모를 칭찬할 때는

신중히, 다른 특징을 빨리 찾아라!

여성에 대한 칭찬은 어떤 시점에 어떻게 멘트를 하는지에 따라 독이 될 수도 있습니다. 소개팅에 나가서 의상은 그녀와 함께 어울림을 칭찬합니다. 예를 들어 "귀걸이가 너무 예뻐요", "의상이 예뻐요"라고 하면 소개팅 여성은 '귀걸이와 옷만 예쁘고 나는 예쁘지 않은가?'라고 생각하기 쉽습니다. 여성 패션의 전문용어는 모른 척하고, 넓은 의미만 얘기합니다. "빨간 원피스가 너무 잘 어울리네요"라기보다는 "붉은색 상의가 너무 잘 어울리네요"로 살짝 바꾸어 표현해주는 게 좋습니다. 그렇지 않으면 당신은 그녀의 빨간 원피스를 너무나도 자주 보게 될지도 모릅니다.

남자가 여자의 영역에 너무 깊숙이 들어오는 것 같고, 당신을 만날 때마다 속옷부터 옷 고르기가 여간 신경 쓰이지 않을 수 없습니다. 화장이나 헤어스타일은 칭찬하는 게 아닙니다. 예를 들어 "눈에 하신 반짝이가 잘 어울리네요", "분홍 립스틱이 잘 어울려요", "묶은 머리가 예뻐요"라고 말해버리면 의상과 달리 다음 만남을 할 때 여성분은 그 멘트가 자꾸 신경 쓰일 수밖에 없습니다. 최악의 칭찬은

"인기 많으실 것 같은데 왜 솔로신가요?"라는 말입니다. 여성은 '내가 성격이 나빠 보이나?', '예쁜 여자 안 만나봤나?', '연애경험이 별로 없나?'라고 생각하기 쉽고 남자가 자신감이 없어 보일 수도 있습니다. 예쁘다는 말인데도 불구하고 여성이 기분 좋지 않게 들릴 수도 있기에 이런 바보 같은 질문은 지양하는 것이 좋습니다.

외모가 예쁜 여성분일수록 아무렇지도 않게 다른 세심한 특징을 관찰하여 칭찬해주는 것이 더 효과적입니다. 소개팅 여성을 좋아하게 되었다고 할 때는 여성분의 외모가 아닌 다른 특징을 선택해서 칭찬하고 그런 부분이 너무 좋아서 사귀고 싶다고 고백해야 합니다. 성격이 좋고 대화가 잘 통하며 사교성이 좋다는 것 등으로 어필하는 게 좋습니다. 얼굴을 칭찬할 때 얼굴형이나 코는 칭찬하지 않는 것이 좋습니다. 성형을 했더라도 칭찬받기에는 민감한 부분일 수 있습니다.

> **TIP** 여성의 외모에 대한 칭찬에 '왜'란 있을 수 없다.

스킨십 잘하기

연애 시작, 여자친구가 원하는 스킨십!

RULE 01 : 스킨십 시도

사귀지 않는 사이에서는 시도하지 않는다!

직장인이라면 서로 알건 다 안다는 생각에 많은 단계를 생략하고 스킨십을 하려고 시도하는 남자들이 많습니다. 하지만 여성의 경우, 학창시절 많은 이성을 만났다고 하더라도 마지막 사랑이라는 결혼을 생각하게 되고 조심스러워 집니다. 소개팅 이후 그녀에게 매너 없는 스킨십을 시도하다가 두 번 다시 그녀를 보지 못하게 되는 남성분들도 많습니다. 민망해서 어디에서 이야기도 못 하고, 이런 상황으로 인해 그녀와 끝났다는 것 자체를 인정하지 않습니다. 그녀가 하지 말라고 "왜 이러세요? 아직은 아니잖아요"라고 거절하거나 가로막는 말과 행동을 하게 되면 그걸 애교로 받아들이고 더 하려고 하는 것도 문제입니다. 스킨십을 시도하다가 거절당하면 관계를 회복하기 어렵습니다. 다음 날 그녀에게 모든 걸 내려놓고 용서를 구해도 부족할 수 있습니다. 첫 만남에서 술 한잔하며 스킨십을 시도하다가 그날로 연락이 끊기는 남성분도 많습니다. 사귀고 나서도 어느 정도 기한이 지나야 하는데, 사귀기 전에 스킨십은 물론이거니와 관계까지 가지려는 남자도 많습니다. 하지만 외모가 소름끼칠 정도로 출중한 여자를 만나면 주눅이 들고 자칫 실수로 그녀를 놓친다거나 다시는 못 볼까 봐 스킨십은 엄두도 못 내고 질질 끌려가기도 합니다.

결론은 조금 참는 게 힘들더라도 더 행복한 순간을 위해 소개팅을 하고 나서 사귀기 전까지는 스킨십은 생각지도 마시고, 털끝 하나 건드리지 않는 것이 좋습니다. 여성분 스스로 마음의 빗장을 열 수 있도록 진정성 있게 어떤 상황에서도 지켜줄 수 있는 남자로서 어필하시길 바랍니다. 조금만 참으면 실컷 할 수 있는데 그 짧은 순간을 못 참아서 일을 그르치지 않길 바랍니다.

> **TIP** 술을 핑계로 하는 스킨십은 최악일 수도!

사귀는 것은 맞지만 스킨십을 허락한 건 아니다!

직장인 남자들은 사귀기로 한 것이 스킨십 허락이라고 생각하는 분들이 있습니다. 학창시절에는 여자도 연애경험이 없어 남자가 스킨십 들어오면 당연히 해야 하는 걸로 받아들일 수 있고, 거절하면 왠지 나를 떠날 것 같은 불안감에 허락하는 경우가 많습니다. 여자는 사귀기 시작하는 순간, 당신의 마음을 보기 시작합니다. 나를 좋아하는 마음의 크기가 어느 정도 되고 그게 진심인지, 여러 가지 관문이나 테스트를 하려고 할 거랍니다. 이런 순간을 슬기롭게 넘어가고 극복하셔야 합니다. 사귀고 나서 스킨십 진도가 잠자리 관계까지 빨리 이어지는 경우, 빨리 시들고 꺼지는 경우가 많습니다. 이런 상황을 아는 여자분일수록 쉽게 마음을 주려 하지 않습니다. 더구나 쉬운 여자로 보이는 건 정말 싫어하기 때문입니다.

남자가 원하는 잠자리 관계가 빠르게 이어지게 되면 추후에 다투게 될 경우, 그녀와 헤어져도 해볼 거 다 해봤으니 크게 아쉬울 것이 없다는 생각이 들기도 합니다. 헤어진 후에 스킨십 진도가 빨랐던 여성분이 가장 기억에 많이 남을 수 있습니다. 다른 여자를 만나볼수록 이전의 그녀처럼 잠자리 관계에 빠르게 도달할 수 있는 여자가 거의 없기에 소개팅이 실패하고 연애가 안 되면 그녀가 자꾸 생각 날 수밖에 없습니다. 마음에 드는 새로운 여자를 만나 잠자리 관계까지 가기가 정말 힘들다는 사실을 깨닫는 순간 과거의 그녀들에게 미안하기도 하고 좀 더 잘할 걸 하는 생각이 들 거랍니다.

그녀도 당신이 좋아서 연애를 시작했지만 스킨십은 전혀 다른 관점으로 바라보는 여성분들도 많습니다. 해결책이라면 연애 초반에는 그녀를 만나고 함께 있는 것만으로도 너무 좋고, 설레는 느낌을 주어 그녀 스스로가 당신에게 믿음과 신뢰를 가질 수 있도록 만드는 것이 좋습니다. 연애 고수와 연애 하수의 차이라면 이 시간을 얼마나 줄이느냐에 있습니다. 만약, 그녀가 혼전순결을 강조한다거나 섹스 리스라서 당신이 기다려 주거나 이해해 줄 수 없다면, 당장 헤어지는 게 맞습니다.

> **TIP** 이제 다 왔다, 이왕 참은 거 조금만 더!

RULE 03 : 스킨십 거절

스킨십 시도의 계산이 틀렸기 때문이다!

충분히 계산한 것 같고 분위기도 잡았으며 으슥한 한강 둔치의 자동차 안이나 집 앞에서 기회를 노렸는데 잘 안된 적이 있었을 것입니다. 이때다 싶어 바로 들이대거나 키스를 시도하다가 여성의 완강한 거부에 화들짝 놀라거나 당황스러웠던 경험도 한 번쯤은 있을 겁니다. 이유는 여성분은 전혀 생각지도 않는데 당연히 받아들일 거라는 잘못된 계산을 하는 데 있습니다.

자존심이 강한 직장인 남자분의 경우, 자신의 키스나 스킨십을 거부한 여자라면 그 순간 이별을 고하기도 합니다. 사회적으로 지위가 있거나 자신이 잘 나간다고 생각하는 분의 경우 이런 상황이 많이 벌어집니다. 스킨십을 거절당했을 때 내상이 큰 까닭은 두 번다시 그녀의 얼굴을 보지 못할 것 같은 두려움과 다시 처음부터 지금까지의 진도를 나가기 위한 엄두가 나지 않기 때문입니다. 반대로 자신이 만나 본 여자들 중에 그녀가 꽤 예쁜 편에 속한다면 키스나 스킨십을 거절당하고 나서 다음 만남에 아무렇지 않게 모든 것을 내려놓는 남자들도 많습니다.

애교작전으로 어린아이 마냥 키스나 스킨십을 졸라 보기도 하고 때를 쓰며 징징거리기도 해보지만 돌아오는 것은 입술에 '쪽' 소리 내면서 뽀뽀 정도로 끝나는 경우가 많습니다. 이제는 키스해달라고 노래를 부르며 여성분에게 애원하거나 조를 것입니다. 스킨십 조르기는 학창시절에야 가능합니다. 남자친구의 장점을 놓치고 싶지 않은 마음에 허락하는 경우도 꽤 있습니다. 또한, 술을 잔뜩 먹인 후 키스나 스킨십을 시도, 모텔에 끌고 가기가 통했을 수 있습니다. 하지만 직장인 여성은 너무나도 뻔한 남자의 수법을 믿지 않으며, 남자친구지만 자신을 스킨십 목적으로만 만나는 것을 원하지 않습니다.

이렇게 되면 남녀는 유령 커플이 되어 버립니다. 분명히 공식적으로 사귀는 사이지만 스킨십 없는 무미건조한 커플이 되는 안타까운 상황이 발생하게 됩니다. 직장인 여성은 이미 어느 정도 남자의 스킨십 시도를 많이 겪어봤기 때문에 남자의 본능을 남자보다 더 잘 알고 있을 수 있습니다.

알면서 속아 주는 건데 진심과 진정성이 느껴져야만 여성분이 마음을 열 수 있습니다.

TIP 조르지 마, 어디 가지 않아! 되어줄게, 너의 baby!

RULE 4 : 스킨십 단계

자연스럽게 손잡기부터 시작하기!

연애가 시작되면 처음에는 어색하고 서먹합니다. 사귀고 나서 2번째 만남 정도에 닿을 듯 말듯 손가락을 스치다가 그녀의 손가락을 어설프게 잡으시면 됩니다.

첫 번째 단계에서는 더듬더듬하다 보면 그다음은 자연스레 손이 알아서 퍼즐처럼 맞추어질 거랍니다. 깍지도 끼게 되고 자연스레 다른 물건을 잡다 보면 떨어졌다가도 자연스레 그녀와 손을 잡을 수 있습니다. 그다음 만남에서는 카페에서 메뉴를 고르는 중간에도 손을 잡고 있게 되며 서로가 메뉴를 고르면서도 "이건 맛있어? 없어?", "자기는 이거 먹어" 등을 속삭이게 될 거랍니다.

두 번째 단계는 음식점에 가서 메뉴를 주문하고 나서 음식이 나올 때까지 두 손으로 '강아지 손' 하듯이 내밀면 그녀가 두 손을 올려 줄 거랍니다. 이때는 서로의 눈이 자연스레 응시되면 자동적으로 웃게 되는, 바라만 보고 있어도 마냥 좋은 시기입니다. 이때 남성분은 음식이 나오고 나서 음식을 입에 넣어준다거나 지나치게 '우쭈쭈'하는 일이 없길 바랍니다. 순간 멈칫하며 여성분이 거절할 수도 있고, 받아서 직접 입에 넣어 먹을 수도 있습니다. 이렇게 되면 조금 무안해지고 순간 어색한 분위기가 될 수도 있습니다. 시간이 걸리더라도 여성분이 먼저 나서서 입안에 음식을 넣어준다거나 쌈을 싸서 자연스레 넣어 줄 수 있는 시기까지 기다리시길 바랍니다.

세 번째 단계는 영화관입니다. 중요한 것은 어두운 영화관 속으로 들어가니까 자연스레 손을 잡아주고 영화를 보는 동안에도 손을 잡으면서 손가락으로 리듬 치는 정도가 되면 성공입니다.

네 번째 단계는 자동차 안이랍니다. 차 안에서 운전하면서 한 손으로 그녀의 손을 잡게 되고, 타고 내릴 때 조금씩 다른 시도를 하는 것은 좋지만, 아직 음흉한 행동을 할 때는 아니랍니다. 그녀가 먼저 당신의 손을 잡아주게 되면, 다음 스킨십 진도로 나가도 무방합니다.

> **TIP**　스킨십도 단계적으로!

RULE 05 : 스킨십 신호

———

잡아당기거나 어깨에 기대면 반응이 온 것이다!

여자도 스킨십을 좋아할까? 물론입니다. 다만 마지막 연애인 결혼을 생각하지 않을 수 없다 보니 신중해지는 것뿐입니다. 그렇다면 여자도 원한다는 것을 어떻게 알 수 있을까요?

손을 잡을 때 보다 적극적인 움직임이 느껴질 것이며, 어디 간다거나 자신이 꼭 보고 사야 할 물건이 있을 때, 손이나 팔을 자신 쪽으로 잡아당기게 될 거랍니다. 이때가 바로 여성분의 벽이 많이 허물어진 거랍니다. 좀 더 나가면 여성분이 팔짱을 끼려 하고, 겨울에는 손이 시리다면서 포켓 속에 손을 넣는 행위, 음식점에서 대기할 때 옆자리에 앉아서 어깨에 기대는 것도 신호가 오는 것입니다. 신호 이후, 영화를 보거나 차 안에서 그녀의 무릎 위에 손을 잠깐 올려봐도 괜찮습니다. 거부하더라도 다시 제자리로 돌아가면 되기에 남자 분 입장에서도 크게 부담이 없습니다. 다만 허벅지에 손을 올려놓고 움직임이 없는 것과 위아래로 쓰다듬는 것은 다릅니다. 맨살이나 스타킹이 닿는 촉감이 좋겠지만 쓰다듬으면 변태 취급을 받으실 수도 있으니 터치와 쓰다듬는 것의 차이를 분명히 하셔야 합니다. 얘기하면서 무릎을 한 번씩 의도치 않게 터치하는 방법도 좋습니다. 거부감이 없다면 몇 번 무릎 위에 손을 올려보기도 하고 '피아노 건반 치기' 신공을 발휘해서 손가락으로 그녀의 허벅지 위에 간단히 연주를 해보시길 바랍니다.

장난 같은 애교 있는 스킨십으로 그녀의 부담을 조금 허물며, 가볍게 볼이나 입술에 뽀뽀를 해주시는 것도 좋습니다. 이런 상황들을 3번 정도까지 시도해 보시길 바랍니다. 너무 시도 안 하면 '내가 여자로 보이지 않나?', '남자한테 문제 있는 거 아냐?' 라고 생각할 수도 있고, 너무 잦으면 '내가 쉬워 보이나?'가 되니, 적당히 가해주는 것이 좋습니다.

이 시기에 가장 범하기 쉬운 실수는 스킨십을 하다 보면 중간에 진도를 더 나가려 하다가 낭패를 보는 경우가 많이 생깁니다. 오늘은 뽀뽀까지 정했는데 혀를 내민다거나, 가벼운 키스인데 가슴에 손이 가거나, 속옷 위를 만지고 손이 더 깊숙이 들어가는 경우, 공든 탑이 하루아침에 무너질 수 있습니다.

지금까지의 연애감각으로 자신이 있으면 직진하셔도 되지만 안전운행을 위해서는 오늘 만남의 수위를 본인이 정하시고 그 선까지만 진도가 나가는 아쉬움을 받아들이시길 바랍니다.

TIP 연애 초에는 손가락을 잘 활용해보자!

RULE 06 : 첫 섹스 장소

———

싸구려 모텔에서 하지 않는다!

오늘 그녀와의 첫 섹스를 하기 위해 만반의 준비를 했습니다. 근사한 레스토랑을 예약하고 와인을 곁들인 식사까지 마치며 즐거운 시간을 보내려고 하는 남자, 화룡점정을 찍기 위해 은근슬쩍 모텔로 향하지만, 갑자기 태도를 바꾸면서 집에 가야겠다는 여자의 반응을 경험한 적 없으신가요?

여성도 '오늘 뭔가 있겠구나'하고 생각합니다. 그뿐만이 아니라 당신과의 만남을 매번 기대하며 언제 할지 모르는 첫 섹스에 예쁜 속옷을 입고 만반의 준비를 하고 있다는 사실 아시나요? 그런 그녀를 데리고 바깥에서 보이는 모텔의 빨간 간판부터 입구에 들어가는 순간, 남자가 모텔비 계산 하는 시간까지 순간이 10년처럼 느껴집니다. 엘리베이터에서 다른 커플들과 마주치거나 술 취한 연인들, 손목 잡혀 끌려오는 여자 등, 여자분 입장에서 왠지 자신이 싸구려가 된 것 같아 견딜 수 없습니다. 여자는 분위기에 약하다는 것은 누구나 아는 사실입니다. 하지만 섹스는 왜 분위기 좋은 곳에서 하려고 하지 않으신가요?

서로 익숙해져 사귄 지 오래 되었다면 당구장과 수영장도 있는 부티크 모텔을 이용해서 즐거운 분위기를 연출 할 수 있지만, 그런 곳은 미리 예약을 해야 합니다. 그렇다고 모텔을 예약하는 것은 섹스만을 목적으로 작정하고 나온 사람 같습니다. 특급호텔이 아니더라도 '호텔'이라고 적혀있는 곳을 가면 섹스를 목적으로만 가는 것 같지 않아 여자 친구도 흔쾌히 함께할 것이고 보다 적극적으로 당신을 대할 것입니다. 호텔이 첫 섹스 장소로 좋은 이유는 주말에 객실을 예약하지 않아도 빈방이 있다는 것도 유리하게 작용하며, 가격 또한 그렇게 비싸지 않습니다. 조금 깨끗해 보이는 동네 모텔은 주말 자정 정도면 이미 방이 꽉 차 있을 수 있습니다. 자리가 없어서 나오게 되는 민망함을 어찌 감당하려 하십니까?

연애가 안정권에 접어들면 어느 장소에서나 사랑을 나눌 수 있습니다. 그때를 기약하며 근사한 식사만 대접하는 것이 아닌 첫 섹스도 다른 남자와 달리 그녀에게 평생 멋진 남자로 기억 될 수 있도록 좋은 곳에서 첫사랑을 나누시길 바랍니다. 필자는 특급호텔 레스토랑에서 식사 후 다른 층으로만 가면 될 것을 굳이 나와서 싸구려 모텔로 향하는 연인들이 가장 안타깝습니다.

TIP 첫 섹스의 근사함, 최고로 멋진 남자로 기억된다!

RULE 07 : 첫 섹스 애무

사랑받고 있다는 느낌을 받을 수 있게!

첫 섹스는 늘 설레고 떨립니다. 이는 여자친구도 마찬가지입니다. 무난한 정상 체위로 오랜 시간 애무를 해주면서, 그녀가 사랑받고 있다는 느낌을 받을 수 있어야 하는 게 포인트입니다. 그렇지 못하면 왠지 초라해지며 값싼 여자가 되는 것 같아 당신과의 관계를 다시 생각해 볼 수도 있습니다. 첫 섹스에서 오랜 시간 애무를 해주라고 하는 것은 여자친구를 위해서일수도 있지만 사실 당신이 더 걱정되는 부분도 있습니다.

오랜만에 연애하는 당신, 간만에 섹스를 한다는 생각에 술의 힘을 살짝 빌릴 수 있는데, 긴장감으로 그녀와 첫 섹스에서 잘 서질 않거나 자세를 바꾸기 어려울 수 있습니다. 소개팅 여성과의 첫 관계다 보니 다른 요구를 하기도 곤란할 수 있습니다. 관계없이 잠만 잘 수도 있지만 두 번째, 세 번째 또 이러지 말라는 법도 없습니다. 여성분이 아프거나 말거나 어떻게 생각하든지 말든지, 어려운 체위를 시도하는 남자도 있지만 무리한 시도는 첫 섹스에서 삼가시길 바랍니다. 당신 혼자만 기뻐해선 안 되고, 그녀가 충분히 사랑받는 느낌이 들도록 애써야 합니다. 자연스럽게 여성분이 먼저 당신을 이끌어 준다면 좋겠지만, 첫 관계에서는 당신이 리드하는 사람이 되길 바랍니다. 오랜 시간 애무의 기준이라면, 머리 끝부터 발가락 하나까지, 앞면과 뒷면 모두 혀와 손을 적절히 이용하길 바랍니다. 첫 관계에서는 여성을 부드럽고 천천히 사랑해주는 것이 좋습니다. 여자친구가 사랑받고 있다는 느낌을 받을 수 있는 체위는 껴안고 있는 자세와 서로 마주 앉은 상태에서의 행위입니다. 사랑한다고 귓가에 속삭여주며 그녀의 눈을 응시하면서 부드럽고 잦은 키스와 함께 천천히 움직여주시길 바라며 그녀가 당신의 목을 끌어안는 자세가 나오면 성공입니다.

TIP 첫 단추가 잘 꿰어져야 만사형통!

RULE 08 : 관계 중 멘트

"좋아?"가 아닌 "사랑해"라고 얘기해준다!

잠자리가 모든 목적이 아니라 진정한 사랑을 나누고 싶다면 그녀가 사랑받고 있다는 것을 늘 표현해주어야 합니다. 여자는 남자의 사랑을 확인받고 싶어서 늘 물어봅니다. "나 사랑해?"라고 말이죠. 그때마다 당신이 귀찮아하거나 "그래", "나도"라고 얘기하면 징징거리거나 토라지면서 그냥 쉽게 넘어가지 않는 것을 연애해 본 남자라면 누구나 경험한 적이 있을 겁니다. "나도 사랑해"라는 말이 나와야 끝이 납니다. 연애를 잘하는 남자는 이런 여자의 마음을 잘 알고 '사랑한다'는 표현을 자주 합니다. 연애에서는 늘 섹스가 문제입니다. 당신이 누군가에게 최악의 남자일 수도 있고 최고의 남자일 수 있습니다. 단순히 다양한 면모로 여자를 만족시키는 것과는 거리가 멉니다. 당신이 정말 그녀를 사랑한다면 섹스하는 도중 '이렇게 해봐, 저렇게 해봐' 자세 교정만 하고 "좋아?"만을 몇 번씩 연달아 물어보지 않습니다. 서로 섹스하는 도중 눈이 마주치게 되었을 때, 그녀의 이름을 속삭이듯 불러주면서 "사랑해"라고 얘기해주세요.

그녀와 첫 섹스라면 더욱 신경 써서 "사랑해"라는 표현을 많이 해주시길 바랍니다. 아직도 그녀는 당신이 섹스만을 목적으로 만나는 건 아닌지 불안해합니다. 그녀는 자신이 사랑하는 사람과의 관계 속에서 가장 듣고 싶은 얘기를 들음으로 인해 긴장이 풀리고 오르가즘이라는 최고의 경지에 도달하게 됩니다. 그녀가 더 집중해서 섹스에 임하게 되는 놀라운 경험을 하게 될 거랍니다. 섹스가 끝나자마자 담배를 물거나 화장실로 가시는 일은 없길 바랍니다. 여자의 몸은 남자와 달리 천천히 식는 것도 있지만, 많이 부끄러워하니 이때 꼭 안아 주시길 바랍니다. 당신의 품 안에 숨고 싶어 꼭 안기게 될 거랍니다. 여자친구의 가시지 않은 여운을 보듬어 주면서 "남자로서 행복해, 자기처럼 멋진 여자와 사랑을 나눌 수 있어서" 라고 표현하면 정말 좋아할 거랍니다.

첫 섹스는 둘 다 즐겁고 여성에게 자신감을 심어주어야 두 번째 섹스가 기다려지며, 그녀 역시 당신의 성적 판타지를 실현시켜 주려 많은 노력을 하게 될 거랍니다.

TIP 한 번만 하고 말게 아니라면 사랑한다는 표현을 자주 쓰자!

그녀에게서 "여보"라는 얘기가 나와야 안정권이다!

　연애를 하면서 여자친구를 대할 때 언제나 긴장의 끈을 놓아서는 안 되겠지만 그래도 안정권이라는 게 있습니다. 안정권에 접어들면 여성은 당신이 거짓말을 할 경우, 알면서도 진실일 거라고 믿고 싶어합니다. 이때가 되면 한 시름 놓으셔도 됩니다. 자신이 할 업무도 조금 신경 쓰고, 친구나 주위 모임에도 나가볼 수 있는 시간 및 여유가 생기는 시기입니다. 평균적으로 잠자리 관계를 3회 이상 가지게 되면 서로 간에 깊은 정이 생기기 시작합니다. 이별하더라도 그녀가 생각나는 것도 모두 정 때문입니다. 마음은 그녀를 잊었다고는 하지만 몸이 그녀를 자꾸 원하고 기억합니다. 여자도 마찬가지로 잠자리 관계를 3회 이상 하게 되면 이제 이 남자가 진짜 자신의 남자가 되었다고 생각하게 됩니다. 관계 후 호칭이 '여보' 라고 바뀌게 되면 어느 정도 확신하셔도 좋습니다. 이제부터 당신은 그녀의 '여보', '여보야'로 불릴 것이며, 소꿉놀이가 아닌 부부 놀이를 시작하게 될 것입니다.

　이 단계까지 경험하고 도달한 남성분들은 새로운 시작을 어려워

합니다. 너무 어렵고 힘든 시간이라는 것을 잘 알기에 구관이 명관이라고 세상 여자들 다 거기서 거기, 새로운 여성이 여자친구보다 크게 나은 점이 없다고 판단되면 잘 갈아타지 않습니다.

재회를 원하는 남자들의 심리는 연애의 안정기를 맛보았기에, 다시 처음부터 새로운 사람을 만날 엄두가 나지 않고 안정기부터 시작하는 재회가 더 낫다고 생각하기 때문입니다. 남자들은 연애 안정기에 이르는 시간을 기다릴 줄 몰라 연애가 어렵게 느껴지는 거랍니다. 하지만 연애는 '여보'하며 부부놀이 하는 안정권까지 가는 재미로 하는 게 아닌가 하는 생각도 해봅니다.

연애를 잘 하려면 인내심과 많은 노력을 필요로 합니다. 하지만 결실을 맺고, 한번 맛보면 벗어나기 힘든 것 또한 바로 연애입니다.

TIP 서로 '여보'라고 부르며 부부 놀이가 시작되어야 진짜 연애다!

RULE 10 : 성적 판타지

어떻게 하는 게 좋은지 이야기하기!

연애 안정기에 들어서서 좋은 것도 잠시, 언젠가 관계가 재미없고 지루하게 느껴질 수 있습니다. 이유는 여자친구가 당신의 성적 판타지를 실현시켜 주지 못하기 때문입니다. 정상 체위만을 원하는 남자라면 상관없겠지만, 상대적으로 남자는 여자보다 성인 동영상을 자주 보고 자위를 많이 하면서 성감대를 확실히 알고 있으며 자신만의 성적 판타지를 가지고 있습니다.

교복도 입혀보고 싶고, 스타킹 패티시가 있어서 찢어가며 하고도 싶으며, 가터벨트, 섹시한 란제리, 구두를 신은 상태에서, 앞치마만 입혀놓고 한번 해보고 싶어 합니다. 뒤로도 한번 해보고 싶은데 변태 취급당할까 봐 말도 꺼내지 못하는 남자도 있습니다. 여자친구가 뻣뻣한 통나무처럼 누워만 있어 너무 재미없다고 하소연하는 남자분도 많습니다.

자신의 성적 판타지를 실현시키기 위해 먼저 그녀에게 물어보시는 게 좋습니다. 잠자리 3번 정도일 때, 관계 직후 그녀를 끌어안은 상태에서 물어보시면 서로가 덜 부끄럽고 편한 대화를 할 수 있습니다. 여자친구의 성감대 및 성적 판타지를 찾는 것도 당신의 숙제입니다. "자기는 어떻게 해주는 게 좋아?", "성감대는 어디야?"라고 물어보면 여자친구도 당신에게 물어볼 거랍니다. "오빠는 어떻게 해주는 게 좋아?"라고 물어볼 때, "너랑 하는 건 뭐든지 다 좋아!"라는 대답이 먼저입니다. 순간 본심을 말하고 싶어질 수도 있지만 듣기에 무난한 성적 판타지를 얘기하셔야 합니다. 과거에 성인 동영상에서 봤다거나 요즘 스타킹 찢는 패티시가 유행이라는 핑계를 대어도 좋고, 여자친구에게 학창시절에 교복이 잘 어울렸을 거 같다는 말을 해봐도 좋습니다. "오빠 변태 같아"라고 웃으며 넘어갈 때 "내가 앞으로 더 잘할 테니 한 번만 해보자, 응?"이라며 귀엽게 조르셔도 효과 있습니다. 연애 안정기에서는 여자친구가 당신의 성적 판타지를 실현시켜 주기 위해 노력 할 거랍니다. 다음 관계 시 기대하셔도 좋을 것 같네요.

서로가 성감대를 알고 성적 판타지를 실현시켜 주는 관계가 되면 연애가 오래 지속됩니다. 이 단계까지 가보지 못하면 연애의 참맛을 모르는 겁니다. 오늘도 여기저기 기웃거리며 '야동' 받기는 그만하고 당신의 성적 판타지를 실현시켜 줄 멋진 여자친구를 만나봅시다.

TIP 3번 이상 관계 후, 서로 성적 판타지를 얘기해본다!

11장

이별 잘하기

———

새로운 시작 아님 재회를 원한다면!

RULE 01 : 고백 후 거절

———

거절당한 이유를 알아내고 고쳐야 한다!

고백 시 거절당하면 기분이 좋지 않고, 화가 나겠지만 그래도 간만에 당신에게 가슴 떨리고 설레는 느낌을 준 여성분께 감사한 마음을 가질 수 있는 여유가 있으셔야 합니다. 화가 난다고 해서 그녀에게 전화나 문자로 욕설을 한다거나 정중히 얘기하고 있는데 중간에 잘라 버리며 급히 끊어버리는 몰상식한 행동은 하지 않길 바랍니다. '역시 이 남자 선택하지 않길 잘했어!'라며 거절 이유에 정당성만 부여해 주게 됩니다. 거절당하더라도 배울 점이 있으니 가급적이면 알아내시길 바랍니다. 정중하게 "실례지만 왜 제가 당신의 남자 친구가 될 수 없었는지 한번 여쭈어 봐도 괜찮을까요?", "제가 앞으로 인연을 만난다면 고쳐야 할 단점이 무엇인지 얘기해주시면 정말 도움이 되겠습니다"라고 허심탄회하게 말씀해 달라고 요청하셔도 좋습니다. 반드시 고쳐야 하는 이유는 당신이 좋아하는 스타일의 이성이 거절했다면 앞으로도 같은 이유로 거절당할 수 있는 확률이 높기 때문입니다. 이미 이런 현상이 반복되고 있는 분들이 많습니다. 당신이 좋아하는 스타일의 여성이 직접 당신의 단점과 고쳐야 할 점을 얘기해준다면 꽤나 충격적이지만 효과가 있습니다. 마음은 쓰라리고 아프지만 좋아하는 여성이 원하는 모습으로 바뀔 수 있습니다. 보통 여성들은 자신을 낮추거나 당신을 높여주면서 질문을 피해 가려고 할 거랍니다. 이때 진짜 괜찮다면서 솔직하게 얘기해 달라고 한 번 더 요청해 보시길 바랍니다. 그래도 얘기를 해주지 않으면 그냥 "알겠습니다"하고 "좋은 분 만나시길 바랍니다"라고 덕담을 건네면서 인사하시면 됩니다. 두세 번의 만남 후, 거절당하면 무언가 2%가 부족했다는 증거이기도 합니다. 하지만 4번째 만남에서 고백을 하고 최종 선택에서 거절을 당했는데 그 이유를 알려주지 않았다면 결정적인 한 방이 없다는 것입니다.

이런 상황이 2명 이상이라면 반드시 고쳐져야 하는데 쓴소리들을 각오로 전문가를 찾거나 주위의 도움을 요청하시길 바랍니다.

TIP 거절을 당하더라도 이유를 알고, 같은 상황 반복하지 않기!

RULE 02 : 첫 번째 위기

———

사귄 지 3개월, 아직도 못했다면!

사랑하는 사람을 만나 그녀와 연애를 시작하면 3개월이 가장 위험합니다. 사귄지 얼마 되지 않았다면 다투거나 부딪히더라도 서로 잘 모르는 부분이 있다는 점을 인정하고 잘해보려고 노력할 수 있습니다. 하지만 3개월 정도가 되면 서로 좋아하는 것, 싫어하는 것을 알게 되다 보니 익숙하고 편해지게 마련입니다. 문제는 사귄지 100일 되는 시점에 잠자리 관계가 '있다 없다'에 따라 달라질 수 있습니다. 여자친구가 100일을 기점으로 첫 섹스를 갖자고 약속을 하며 관계를 미루었는데, 여자친구가 약속을 지키지 않아서 잠자리를 가지지 못하는 경우가 생깁니다. 지금까지 기다렸는데 미치고 팔짝 뛸 노릇입니다. 여자친구의 외모가 자신이 사귄 사람 중에 가장 출중하다거나 그녀의 직업에 비중을 두고 사귄 남자분이라면 쉽게 포기하기가 어렵습니다. 이때 심하게 다툴 수 있는데, 시비를 가리려 하지 말고 헤어지는 게 좋습니다. 100일까지 남자를 기다리게 만들고도 육체적 관계를 허락하지 않는 여자라면 섹스리스 또는 혼전순결을 원하는 분일 수 있어 여자친구가 있는데도 외롭고 힘이 들 거랍니다. 100일 동안 자신의 손을 이용하는 처량한 신세가 됩니다.

반대로 섹스를 3회 이상했는데 더는 할 것도 없고 재미가 없다고 느껴질 수 있습니다. 특히, 잠자리 관계가 즐겁다는 생각이 들지 않는다면 여자친구와 권태기가 시작된 것입니다. 점점 살이 오르는 여자친구의 모습이 보이기 시작하고, 서로 간에 긴장감이 사라지는 것이 느껴질 수도 있습니다. 화장도 하지 않고, 편하게 나오는 모습을 보며 사랑스럽다는 생각이 들지 않을 수도 있습니다. 이때 더 이상 그녀에게 끌리지 않고 다른 여자가 생각난다면 그 사랑은 끝난 것입니다.

남자는 직접적으로 만지고 싶고, 잠자리를 가지면서 사랑을 확인하게 되는데, 이 여자와 하고 싶지 않다는 생각이 점점 들고, 만남을 미루고 싶다면 그녀에게 이별을 고하길 바랍니다. 여자친구와의 관계는 유지하면서 몰래 다른 여자와의 만남을 갖거나 유흥업소를 출입하는 못난 짓은 하지 않길 바랍니다.

> **TIP** 하고 싶다는 생각이 들지 않는다면 이별도 고려해보자!

RULE 03 : 이별 TEST

그녀와의 만남이 즐겁지 않을 때 해보자!

연애를 하다 보면, 식상한 데이트 코스와 그녀와의 만남이 즐겁지 않고 혼자 있고 싶을 때가 있기도 합니다. 자꾸 다른 여자가 눈에 들어오기 시작하거나 그녀와의 데이트가 있는 날 의도적으로 피하거나 만나기 싫을 때도 있습니다. 이별이 고민된다면, 아래의 내용으로 테스트하여 최소한의 확인 과정을 거치길 바랍니다.

첫째, 잠자리를 가지는 도중 다른 여자가 생각난다(그녀를 위해서도 헤어지는 것이 낫다).

둘째, 그녀의 땀 냄새가 역하다(잠자리가 아니라도 등산이나 함께 운동하면서 확인할 수 있다).

셋째, 데이트 비용이 아깝다(남자는 아무한테나 돈을 쓰질 않는다).

넷째, 다른 여성과의 잠자리가 생각난다(운명의 여자일 수도…).

다섯째, 여자는 돈을 쓰지 않으면서 경제적인 이야기를 자꾸 꺼낸다(집, 차에 관해 얘기를 시작한다면 당신의 등골을 빼먹을 수 있다).

여섯째, 남성의 직업에 대해 만족스럽지 않다는 말을 꺼낸다(남자의 자부심인 직업에 대해 좋아하지 않는다면 당신을 존경하지 않는다).

일곱째, 남자의 가족에 대해 좋지 않게 생각한다(결혼하면 계속 문제가 될 수 있다).

여덟째, 일하기 싫다면서 결혼하면 일을 그만 두고 싶다고 얘기한다(남자가 벌어온 돈으로 먹고 살겠다는 생각이다).

아홉째, 그녀와의 스킨십이 설레지 않는다(그녀와의 키스나 손잡는 것도 식상하다면 생각해봐야 한다.).

열 번째, 잠자리 말고 얻는 게 없다는 생각이 든다(그냥 동물들의 만남일 수 있다).

TIP 3가지 이상이면 이별도 생각할 수 있다!

RULE 04 : 이별 전주곡

갑작스런 이별은 없다. 전주곡부터 시작된다!

여성이 이별을 고하기 전에 경고성 전주곡이 여러 번 울리기 시작합니다. 결심하기까지 자신을 잡아달라고 당신의 모습이 조금은 바뀌기를 바라면서 불편한 점에 대해서 메시지를 보냅니다. 이별의 예고편을 몇 번 방영했는데, 남자가 대수롭지 않게 그냥 넘어갔을 겁니다. 어이없게 여자가 애교 부린다고 생각하는 사람도 많고, 적반하장으로 헤어지자고 큰소리치는 남자도 있습니다. 그녀를 풀어주기 위해 값비싼 선물을 하면 오히려 나쁘게 작용할 수 있고 이미 그녀가 결심을 굳힌 상태라면 선물만 받고 이별할 수 있으니 선물은 절대 금물입니다. 연애를 잘하지 못하는 남자는 이별에도 서툴답니다. 헤어지자는 말에 갑작스런 이별 통보를 받았다고 생각하는 사람은 사랑할 자격도 없습니다. 당신의 좋지 못한 습관이나 고쳤으면 하는 부분들을 분명 여러 번 얘기했을 것입니다. 생각해보면 그때마다 당신은 "그런 점 고칠게", "내가 잘못했어"라는 말만 하고 실제 바뀌거나 고쳐지지 않았다는 게 문제입니다.

끔새가 이상하다는 생각이 들면 한 번쯤 점검해보셔야 합니다.

자신이 그동안 많이 신경 써 주지 못해 미안하다며 그녀와 충분한 대화를 나누길 바랍니다. 여자친구가 투덜거리거나 짜증내면서 이유를 말해주면 바로 바뀌어야 합니다. 당신만 몰랐지 그녀는 이미 여러 번 기회를 주었고, 이번이 마지막이기 때문입니다. 만약 당신이 안 바뀐다면 오히려 헤어짐의 완전한 이유를 제공해 주게 됩니다.

"그것 봐! 오빠는 어차피 안 바뀐다니까, 우리, 헤어져!"

남자와 달리 여자가 먼저 단호하게 헤어짐을 얘기한다면, 다시 되돌리기 어렵습니다. 당신이 뒤늦게 그녀를 쫓아가고, 붙잡고, 집 앞에서 기다리고 무릎 꿇어봤자 소용없습니다. 그래서 '있을 때 잘해'라는 말이 나오는 것입니다. 마음을 굳힌 게 보인다면 편하게 보내주는 것도 남자의 도리입니다. 회사나 집 앞까지 찾아가서 못살게 구는 행동을 하면 마지막까지 진상으로 남습니다.

헤어지는 이유를 물어본다면 십중팔구 "내가 누차 얘기했지"로 시작합니다. 여자의 잔소리를 곰곰이 생각해보고, 앞으로 같은 실수는 반복하지 않길 바랍니다. 당신과의 인연은 거기까지인가 봅니다!

> **TIP** 이별의 전주곡이 들려오면 중간 점검을 해보자!

RULE 05 : 마지막 배려

이별할 때는 과감하게 '악역'을 맡아라!

요즘 남자들은 책임이라는 것을 짊어지는 것에 대한 두려움도 있고, 힘든 상황을 피하려는 경향도 많은 것 같습니다. 세상은 넓지만, 또 좁은 게 세상이다 보니 추후에 해코지를 당할까 두려워하거나 나중에 어떻게 될지 몰라서 이별을 주저하는 남자가 많습니다. 이별할 때 핸드폰 번호를 바꾸고 SNS에 저장되었던 그녀와의 추억을 깔끔하게 모두 지워버리는 남자도 있습니다. 잔인한 것은 분명 헤어져야 하는 상황인데, 남자가 악역을 맡기 싫어서 이별을 여자 쪽에서 먼저 얘기 하게끔 유도하는 못난 남자들이 너무 많습니다. 결국, 질질 끌다가 여자가 이별을 고하면 남자는 애써 마지못해 그렇게 하자는 식입니다. 이런 상황은 우유부단한 스펙이 괜찮은 남자와 그것을 놓치기 싫은 여자와의 관계에서 많이 일어나고 있습니다. 남보다 못한 사이가 될까 봐서 노심초사하고 이별에 대한 두려움이 있었다면 연애를 시작하지 말았어야 합니다. 이별을 먼저 얘기한다는 것은 잠시 악역이 될 수도 있지만, 좋은 감정으로 만난 그녀를 위해서라도 확실히 마무리를 해주는 것이 필요합니다.

물론 정이 든 상황에서 헤어짐을 말한다는 것은 쉽지 않습니다. 하지만 먼저 얘기하는 것이 그녀를 위한 마지막 배려입니다. 자신의 감정뿐만 아니라 여자를 위해서라도 먼저 놓아줄 수 있는 것이 남자입니다.

이별을 얘기하는 순간 잠시 욕도 먹게 되고, 나쁜 남자로 보이겠지만 시간이 흘러 돌이켜 보면 평생 좋은 남자로 기억 될 수 있습니다. 이별을 생각하고 있으면서 다른 여자와 겹치면서 헤어지길 원한다거나 양다리 걸치기를 하며 새로운 여자가 나타날 때까지 성적 욕구를 채우기 위해 붙잡고 있는 못된 남자는 되지 않기를 바랍니다.

연애의 시작은 남자의 고백으로 시작됩니다. 연애의 끝도 남자가 책임지고 이별할 수 있는 용기를 가지시길 바랍니다.

> **TIP** 악역은 잠시, 좋은 남자로 평생 기억된다!

RULE 06 : 남녀의 차이

—

여자친구와 싸우면 이해하려고 하지 마라!

『화성에서 온 남자, 금성에서 온 여자』라는 책이 히트를 친 까닭은 제목에 많은 사람들이 공감하기 때문입니다. 남자는 합리적인 결론이나 끝이 있어야 하지만 여자는 감정적이고, 시간에 따른 과정을 중요시합니다. 남자의 언어는 '됐고 그래서?', '뭐, 어쩌라고!'라는 단순구조이기에 여자친구와 싸우게 되면 그 상황을 빨리 끝내려고 하며, 어려운 순간을 피하고 싶다는 생각이 먼저 듭니다. 여자의 언어는 시간의 흐름에 따라 과정을 다 얘기하기에, 싸우게 되면 과거의 얘기를 다 끄집어내고, 언제 끝이 나고 뭐가 결론인지 알기 힘들답니다. 가장 어려운 것은 그녀가 '왜 화가 났는지, 왜 이렇게 말하는지, 왜 그렇게 행동하는' 이해가 되지 않을 때입니다. 남자의 생각으로는 싸울 일도 아니고, 화낼만한 일도 아닙니다. 여자친구와 다투고 나서 "내가 잘못했어, 미안해"라고 말하면 "뭘 잘못했니? 뭐가 미안해?"라고 반문하는 질문이 돌아옵니다. 잠시 생각해보면 '5분 정도 늦어서 그런가?', '파스타가 맛이 없었나?', '가고 싶다던 가게를 안 가서 그런가?' 그렇게 잘 못한 일이 없고, 사실 뭐가 미안하지 모르는 경우가 대부분입니다. 그냥 여자친구가 짜증 내고 화를 내니까 '잘못했다, 미안하다'가 그냥 속 편한 것입니다. 빨리 여자친구의 기분을 풀어주어 다시 좋은 흐름으로 가고 싶은 마음에 조급해져서 상황을 설명하고 이해시키려 하면 할수록 궁지에 몰립니다.

당신 생각에 여자친구가 말도 안 되는 상황으로 기분이 나빠졌다면 풀어줄려고 너무 애쓰지 말길 바랍니다. 어차피 당신의 머릿속으로는 이해하기 어렵습니다. 여자친구의 흐름에 따라가되 당신은 맞장구만 치면서 '나는 네가 좋아!'라는 신호만 계속 보내면 시간이 해결해 줄 것입니다.

> **TIP** 여자친구가 기분이 좋지 않으면, 흐름에 몸을 맡겨라!

RULE 07 : 애교와 장난

———

놀리면서 감정이 섞이면 싸우게 된다!

연애를 하면 알콩달콩함도 쌓이고 농담도 주고받게 되며, 애칭이나 별명도 부르게 됩니다. 장난도 치게 되고 서로의 말이나 행동의 특성을 살피면서 놀림거리를 찾기도 하며 심술을 부리기도 합니다. 남자는 여자친구에게 귀여운 장난꾸러기가 되어 놀리기도 하고 약을 올리기도 하며, 여자는 애교로 남자친구의 사랑을 받으려 노력합니다. 하지만 도가 지나쳐 상대의 약점을 놀리게 되면 싸움의 발단이 됩니다. 여자친구의 조그만 실수를 보고 한번 놀렸는데 여러 번 그런 상황이 반복되어 자꾸 놀리기 시작합니다. 그런데 알고 보니 여자친구는 일반적으로 사람들이 봤을 때 늘 어리바리하고 조금 행동이 느린 특성을 가진 사람이었습니다. 사람을 놀리거나 장난을 치는 것은 재미있습니다. 또한, 여자친구가 놀릴 때마다 움찔하는 것이 귀엽기도 하고 사랑스럽기도 합니다. 남자친구가 자신을 좋아해서 부르는 애칭 같은 거라고 생각하고 처음에는 그냥 넘어갈 수 있습니다. 하지만 여자는 생각합니다. '내가 정말 바보처럼 보이나?' 조금 느린 부분이 있지만, 남자친구는 '나의 이런 모습을 이해하지 못하고 진짜 바보라고 생각하는 걸까'라고 말입니다.

오늘도 늘 장난치듯 놀리기도 하고, 조그만 실수나 어리바리한 행동을 보고 감정을 담아서 진짜 바보취급을 해버리면 어느 순간 여자친구는 기분이 나빠져 있는데 왜 기분이 나쁜지 모르는 경우가 많습니다. 늘 했던 장난이었기에 설마 이것 때문이라고는 전혀 생각을 못 하고 오히려 더 하거나 기분이 좋지 않은 여자친구를 달래려 합니다. 자신을 가장 이해하고 아껴줘야 할 남자친구의 놀림거리가 된다면 여자친구 입장에서는 엄청 자존심이 상하는 일이 될 수 있습니다.

여자는 감정의 캐치가 빠르기 때문에 당신이 그냥 하는 말인지, 감정을 담아 진짜 놀리는 건지 바로 파악합니다.

TIP 장난치거나 놀릴 때는 한 번 더 신중히!

RULE 08 : 이별 10계명

이별을 고하기 전 생각해야 할 10가지!

남자가 여자친구에게 이별을 얘기하기 전 결심해야 할 것들이 있습니다. 여러 가지 상황을 고려하고, 생각을 거듭해서 내린 결정인 만큼 후회가 없어야 합니다. 실제 많은 남자들이 이별을 먼저 얘기하고 헤어진 후에 다시 전 여자친구에게 전화하거나 재회를 원합니다. 그렇게 행동할 거면 애초에 헤어지지 말았어야 할 텐데 말입니다. 이별을 얘기하기 전 결심해야 할 10계명에 대해서 살펴보겠습니다.

1. 두 번 다시 만나지 않을 수 있는가?
2. 먼저 연락하지 않을 수 있는가?
3. 그녀가 붙잡거나 문자, 카톡이 오더라도 받지 않을 수 있는가?
4. 술 마시고 전화하지 않는다고 약속할 수 있는가?
5. 휴대폰과 SNS에 남아있는 그녀와의 추억은 모두 없앨 수 있는가?
6. 최소 3개월간은 그녀의 SNS는 들여다보지 않을 수 있는가?

7. 새로운 여자와 잘 되지 않더라도 전 여친에게 연락하지 않을 수 있는가?

8. 문자나 카톡으로 안부 인사를 보내지 않을 수 있는가?

9. 자주 가던 단골 데이트 장소에 다시 발걸음 하지 않겠다고 다짐할 수 있는가?

10. 자신의 이별이 현명하다고 생각하는가?

이별 전 결심해야 할 10계명에서 당신은 얼마나 자유로울 수 있나요?

자신이 없다면 이별을 말하려던 생각을 잠시 미루고 지금의 여자친구와의 관계 개선을 위한 해결책을 강구해 보는 것이 더 현명할 것입니다. 솔직한 대화의 시간을 가지며 불편했거나 어려운 점을 얘기해보고, 그래도 답이 나오지 않는다면 서로 간에 합의 하에 이별을 하는 것이 좋은 방법일 수 있습니다. 이별을 고해놓고, 시간이 흐른 뒤 밤늦게 술 마시고 전화하면, 좋은 추억을 안겨주었던 전 남자친구가 추한 모습으로 기억 될 수 있으니 한 번 더 생각해 보시길 바랍니다.

TIP 이별을 결심하기 전 10가지 생각해보기!

RULE 09 : 헤어진 여자

———

잡고 싶다면 그녀의 잔소리를 떠올려라!

학창시절에는 재회에 대해 전혀 생각도 없었고, 개념 자체를 몰랐을 것입니다. 헤어지면 언제든지 다른 여자를 만날 수 있는 기회가 있었고 많은 여자를 만나는 것이 능력으로 비추어지기도 했으니 그럴 만도 합니다. 직장인이 되고 어느 순간부터 여자를 만나기가 어렵다는 사실을 깨닫게 되고, 당신의 연애방식이나 루틴이 먹히지 않는 것을 경험하게 될 것입니다. 그렇다 보니 만나던 여자가 편하고 익숙하며, 안정적인 연애에서 결혼도 생각하게 됩니다. 세상에 별 여자 없는 것 같기도 하고 현재의 여자친구보다 더 강렬한 끌림이 아니라면 다른 여자를 만나서 이런 어려운 과정을 또 거쳐야 한다고 생각하니 끔찍하고, 잘된다는 보장도 없다 보니 새로 시작하려는 엄두가 나지 않습니다. 재회를 원하는 남자는 새로운 여자를 만나서 잘 보이기 위해서 노력하고 고백 후 사귀면서 잠자리 관계까지 많은 노력을 해야 하며, 시간과 비용도 만만치 않다는 것을 알고 있습니다. 재회하고자 하는 남자들의 대부분이 자신의 잘못으로 인해 이별했다는 것을 인정합니다. 서로를 가장 잘 알고 있었고, 당신을 가장 잘 이해할 수 있는 사람이었지만 당신의 좋지 않은 버릇 또는 습관, 전 여친이 싫어하는 말과 행동으로 인해 이별까지 가고 말았습니다. 도덕적이지 못하고, 기본적인 예의나 매너가 없고, 입에 욕설을 달고 산다거나, 조그만 일에도 정색을 하고, 술만 마시면 거칠어지고 위협하는 경우일 수도 있습니다. 헤어져 보니, 늘 내 편이고 잘해줬던 그녀에게 '있을 때 잘할 걸'하는 후회가 듭니다. 여자친구가 보내는 여러 번의 경고를 무시하고 대수롭지 않게 넘어가는 것이 문제가 되어 이별까지 가는 경우가 많습니다. 재회를 시도하기 전에 당신한테 잔소리했던 얘기들을 잘 떠올려 보시면 문제점이 보이기 시작할 거랍니다. 여자친구가 싫어하는 나쁜 습관이나 문제점을 줄이고 180도 바뀐 모습으로 다시 만나고자 하는 의지가 없다면 재회를 한다고 하더라도 또 같은 이유로 다시 이별할 확률이 높습니다.

> **TIP** 재회를 원한다면 당신의 나쁜 습관을 고치는 것부터!

RULE 10 : 재회 5법칙

성공적인 재회를 하고 싶다면!

헤어진 후 틈만 나면 술 마시고 늦은 밤에 전화하고, 협박 문자나 카톡 폭탄, 그녀의 회사나 집 앞에서 몇 시간씩 기다리면 좋다고 다시 만나 줄까요?

이런 상황에서는 다시 마주 보며 얘기를 한다고 해도 좋아지는 상황은 하나도 없습니다. 재회를 정말 간절히 원한다면 가장 확률이 높은 '재회를 위한 다섯 가지 법칙'을 알려 드릴 테니 차례대로 실행에 옮겨 좋은 결과를 만들어 보시길 바랍니다.

첫째, 그녀가 원하는 남자친구의 모습으로 변신하기!

그녀의 잔소리를 되새기며 무엇을 잘못했고, 바꾸어야 하는지 파악 후 고치셔야 합니다. 다시 당신의 나쁜 버릇이나 습관이 나오지 않도록 많은 노력을 기울여야 합니다.

두 번째, 그녀에게 소식을 전해줄 메신저 역할의 친구를 구하기!

그녀도 알고 있는 당신의 남자 사람 친구가 가장 좋고, 아니면 그냥 말을 잘하는 사람이면 좋습니다.

세 번째, 당신의 소식을 전달하며, 마지막으로 만남의 기회 만들기!

이 부분이 가장 중요합니다. 당신의 소식을 손편지에 추억의 물건을 하나 담아서 보내주는 것이 좋고, 붙잡으려는 게 아닌 마지막으로 깨끗하게 끝내기 위해 미안하다는 사과를 할 수 있는 기회를 달라는 뜻으로 자리를 한 번 만들었으면 하는 정도의 뉘앙스여야 합니다.

네 번째, 만남 시 흥분하지 않기!

이날은 사과하러 나온 자리이지 바로 재회로 다시 사귀게 되는 자리가 아니랍니다. 차분하고 진지하게 자신이 반성하는 모습을 보여주고 '가끔 연락은 할 수 있는 사람으로 지냈으면 한다'는 정도로 마무리하시길 바랍니다. 이후에 연락하게 되면서 정말 바뀌었고, 그녀를 사랑하는 마음이 많이 남아 재회를 진지하게 원한다고 처음 만난 것처럼 진정성을 담아 고백한다면 다시 받아 줄 확률이 높습니다.

다섯 번째, 마음 추스르기, 그녀가 거절할 수도 있다!

재회거절은 처음 고백 이후에 거절당하는 것과는 완전히 다른 차원이기에 내상이 꽤 크게 다가올 수 있습니다. 재회는 확률이 높지 않기에 잘 안되면, 더 이상 주위에 맴돌지 말고 마음속에서 완전히 깔끔하게 정리한다는 생각으로 시도하셔야 합니다.

> **TIP** 재회 5법칙이 통하지 않으면, 깔끔하게 정리하자!

12장

연애 심화 단계

———

연애 고수들은 어떻게 다를까!

RULE 01 : 연애자본주의

데이트 비용을 아까워하지 않는다!

소싯적 나이트클럽에서 부킹을 경험하고 나면 양주는 몇 병을 다 비우고, 현금이 부족해서 전전긍긍했던 경험이 있는 분들은 공감하실 거랍니다. 업체나 주선을 통한 비용에 첫 만남 소개팅에 들어가는 비용부터, 그녀와의 4~5번 데이트, 똑같은 옷만 입을 수 없으니 품위 유지를 위해서 의상도 구입하고, 자동차 유지비, 연애가 시작하고 나서 선물도 주고받고, 특별한 날의 이벤트도 해야 하며, 모텔도 가려면 한 달에 데이트 비용이 이만저만 만만치 않습니다. 하지만 연애를 해 본 사람은 여자친구가 생겨서 연애하게 되면 모든 일에 자신감도 생기고 무엇보다 사람이 긍정적으로 바뀌어 일도 더 열심히 하게 되는 경험을 해보셨을 겁니다. 이상하게도 섹스를 하는 단계로 넘어가게 되면 돈이 아깝다는 생각은 하지 않게 됩니다. 그래서 연애 좀 해 본 남자들은 데이트 비용에 전전긍긍하지 않습니다. 역시 남자는 능력입니다.

특히 연애 고수는 사귀기 전에 첫 만남부터 아낌없이 쓰며 그녀에게 빚지게 만드는 '기브 앤 테이크'라는 보상심리도 잘 이용합니다. 당신이 많이 줄수록 그녀도 양심이 있다면 무언가 돌아올 거랍니다. 그게 잘 안되면 재능기부 했다고 생각해버리면 됩니다. 오히려 경제력이 없는 학생 커플들이 직장인 커플보다 비용을 더 많이 쓰고 있습니다. 연애하기 전에 몇 번의 식사비와 커피값 정도랍니다. 그 정도도 아끼려 하는 남자의 모습을 보고, 마음을 주려는 여자는 아무도 없을 겁니다.

연애를 시작하거나 만남이 진행될수록 여성분의 주머니에서도 돈이 나오게 되며, 데이트통장을 만들 수도 있고 여러 가지로 보상받을 거랍니다. '연애 자본주의'라는 쓸쓸한 표현이지만 연애를 하면 어쩔 수 없이 돈이 많이 들어갑니다. 게임 아이템 및 성인 동영상을 다운받으려고 해도 소정의 비용이나 시간을 투자해야 합니다. 물론 사람마다 소득수준이 다르고 생각의 차이가 있겠지만, 직장인들의 연애에서는 남자의 능력을 보여주는 것이 여성들에게 어필하는데 중요한 것은 부인할 수 없습니다. 무엇보다 남자들이 원하는 스킨십 단계로 가는 가장 빠른 길이기도 합니다.

TIP 세상에 싸고 좋은 것은 없다!

RULE 02 : 초반 기선제압

———

생각할 틈을 주지 말고 주도권을 쥐어라!

초반 기선제압은 호감이 있음을 알렸다면 그 이후부터는 생각할 틈을 주지 말고, 연타공격으로 주도권을 쥐며 당당하게 데이트 신청을 해 나가도록 하십시오. 가급적이면 금요일이나 토요일 저녁에 처음 만나고, 다음날 짧게라도 다시 만나서 당신을 각인시키는 방법입니다. 예를 들어 첫 번째 데이트가 잘 되었다면, 다음날 시간 괜찮다고 하면 그녀의 집 근처에 차를 몰고 가서 그녀를 데리고 교외로 나가버리세요. 차가 막히면 함께 할 수 있는 시간이 많아지니 보너스로 생각하고, 하루 종일 그녀와 함께 보내면서 그녀가 좋아하는 것, 취향 등을 알아내시길 바랍니다. 고백할 때까지 정신없이 몰아치는 것이 꽤 효과가 좋습니다. 짧은 시간 내에 여러 번 만남으로 인해 다른 사람 생각할 틈을 주지 않고, 적극적인 태도와 꾸준한 연락까지 더합니다. 당신이 자꾸 생각나게 되고, 자석처럼 이끌리듯 "네, 그럼 한번 정식으로 만나보아요"라는 답이 오게 될 것입니다. 그녀도 마찬가지로 지난주 소개팅을 했고 다음 주 또 다른 소개팅이 잡혀 있을 것입니다. 그들이 당신에게는 보이지 않지만 경쟁

자입니다. 주의할 점이라면 너무 성급하게 보인다거나 산만해 보이면 그녀가 중간 커트를 할 수도 있으니 만남의 기회를 자주 갖되 만날 때마다 진정성 있게 다가가셔야 함은 기본입니다.

또한, 짧은 기한이지만 오래 만난 것처럼 편안하게 해주면 더욱 좋고, 데이트할 때마다 다른 모습, 다른 장소, 다른 감정을 가질 수 있도록 '연애 롤러코스터'를 태워주시면 효과 만점일 거랍니다. 초반 기선제압은 당신이 리드해서 끌고 가는 방법이기에 4번의 만남을 하고 고백 단계까지는 조금 빨리 이를 수 있습니다. 그렇다고 여자의 마음이 빨리 열린다고 단정하기는 어렵습니다. 고백 후 당신을 선택하는 데까지 여유를 가지고 기다려 준다면 좋은 결과가 있을 거랍니다.

> **TIP** 자꾸만 내가 생각나게, 틈을 주지 말자!

RULE 03 : 거리 생각않기

———

거리가 가까우면 연애가 잘 될까!

연애 초반에는 집이 가까우면 함께 있는 시간이 많아지는 것은 사실입니다. 소개팅하기 전에 늘 머릿속에 '그녀와 잘 되면…'이라는 전제를 두고 이것저것 생각하기 때문에 그녀가 어디 살고, 나와의 거리가 어느 정도인지가 중요하게 느껴집니다. 소개팅이 흐지부지 끝나게 되어 잘 되지 않으면 거리가 먼 사람은 잘 되지 않는다는 편견을 스스로가 만들어 버리기도 합니다. 거리가 멀더라도 첫 만남은 그녀의 집 앞이 아니라 중간지점의 도심이 될 겁니다. 사실 외모가 마음에 들면 거리는 크게 문제가 되지 않는다고 합니다. 어차피 차로 이동하면 1시간 내외의 도심권 서울, 경기는 하나의 지역으로 봅니다. 좋은 이성을 만날 수 있다면 서울, 부산도 만나는데 전혀 문제가 되지 않는다고 합니다. 연애를 6개월 이상 해보신 분들이라면 연애하는데 권태기도 생기고, 자신의 업무나 일을 해야 할 때도 있으며 혼자 있고 싶을 때도 있습니다. 잠시나마 그녀에게서 해방되고 싶은 마음이 생기기도 하며, 집에 매번 데려다 줘야 하는 의무감을 떨치고 싶을 때가 있습니다. 그런 부분을 연결해주는 것이 바로 거리입니다. 거리가 가까우면 아무리 힘들어도 잠깐이라도 봐야 하고, 한순간도 다른 업무를 할 수 없어 숨통이 막혀 올 때도 있습니다. 여자친구 입장에서도 당신이 집 근처로 오기 힘들고 피곤한 상황이라면, 이해할 수도 있고 거리가 멀어 스킨십 진도를 앞당길 수도 있으며 자고 갈 수도 있는 이점도 있습니다. 또한, 이별이라는 헤어짐의 부담도 없습니다. 이별을 위한 만남을 가지지 않아도 되며, 다투거나 싸우는 일도 많지 않습니다. 오히려 거리가 어느 정도 먼 편이 서로 돈독해지고 배려해주는 부분들이 많아집니다. 그래도 먼 거리가 부담스럽다면 집 앞에서 마음에 드는 여성을 헌팅하는 것이 빠르고 좋은 방법일 수도 있습니다. 다만, 이는 현실적으로 너무 어렵습니다. 연애를 시작하기 위해 소개팅이나 만남을 하기 전에는 자신이 마음에 들어 하는 사람인지 아닌지를 최우선으로 하길 바랍니다. 마음에 있는 여성인데 거리 때문에 그녀를 포기하는 일은 없길 바랍니다.

> **TIP** 소개팅 전은 거리 걱정! 연애 후는 언제 그랬지?

RULE 04 : 기다리는 지혜

스킨십 타이밍을 정확히 안다!

연애를 잘하는 남자는 그녀가 달아올라 스킨십을 먼저 원하는 단계까지 만들어 버립니다. 연애를 못 하는 남자는 '이쯤에서 내가 키스를 해도 되겠지?'하고 시도하지만, 여자는 전혀 준비가 되어 있지 않을 수 있고, 사귀고 나서 '정말 나를 사랑하는 걸까?'하고 지켜보는 시간을 가지게 됩니다. 남자가 스킨십 진도를 나갈 때는 한 발짝이 아니라 반 발짝이라는 생각을 가지고 그녀가 받아들일 정도만 나가되, 한 번의 만남을 조금씩 리드해 나가는 것이 좋습니다. 무심코 손을 잡는 것도 아닌 '피아노 기법'이라고 하여 손가락만 까닥까닥 움직이는 신공을 펼쳐 나가는 것만으로도 충분히 그녀가 느낄 수 있습니다. 살짝 스치는 스킨십만으로 서로 느낄 수 있다는 것을 잊지 마시길 바랍니다. 남자가 여자에게 스킨십을 목적으로 만나는 게 아닌 정말 소중하고 지켜주고 싶다는 생각을 가지게끔 만드는 게 우선입니다.

키스는 여성분이 먼저 어깨에 기대어 주거나 눈빛이 3초 이상 마주쳤는데 뒤로 피하지 않으면 오케이 신호랍니다. 당신은 나를 안

달나게 만드는 여자이지만 너무나도 소중해서 내가 넘볼 수 없고, 어차피 내 여자이고 끝까지 함께 할 거니까 당신이 원할 때면 언제든지 스킨십을 할 수 있다는 것을 각인시키면 됩니다.

잠자리는 사귀고 나서 30~50일째 정도가 적당한데, 이 기한을 참는 것이 굉장히 힘듭니다. 사귀기 전의 만나는 시간까지 합치면 약 두 달 정도입니다. 하지만 이 기한만 잘 참아 낸다면, 알콩달콩한 스킨십을 마음껏 할 수 있게 될 것입니다. 여자가 더 적극적으로 나올 수 있는 행복한 시간이 기다리고 있으니, 처음부터 스킨십을 강요하거나 본인만의 계산으로 시도하고 차이는 일은 없길 바랍니다.

만약, 사귀고 50일이 넘어서 피아노 신공마저 진척이 없다면, 애걸복걸 조르거나 싸우지 말고 그냥 헤어지는 게 나을 수 있습니다. 당신을 좋아하지 않거나 섹스리스 또는 거부감이 굉장히 큰 여자입니다.

TIP   스킨십 진도는 STEP BY STEP!

반대로 여자의 마음 흔들어보기!

"여자친구 있으신가요?"

여자가 먼저 이런 얘기를 꺼내기는 쉽지 않습니다. 당신에게 호감이 있다는 건데 보통 남자들의 답변은 이러합니다.

1번. 얼마 전까지 있었는데 최근에 헤어졌어(최근이 언제인지 모르겠지만). → 남자랍시고 끝까지 자존심을 내세우고 있습니다.

2번. 그녀와 궁합이 잘 맞질 않았어, 그녀와 ○○해서 ××한 이유로 싸웠어. → 고해성사하는 과거 고백형의 남자도 있습니다.

3번. 여러 가지로 힘들어서 없어. 일이 바쁘기도 하고 사귀는 게 귀찮아서 없어. → 시험의 정답처럼 성실하게 답변하는 남자입니다.

4번. 아직 너처럼 괜찮은 여자를 만나지 못했어. → 나한테 관심있어?

정답은 4번.

연애 고수들은 자신에게 호감 있는 것을 알고 역으로 한번 흔들어 놓습니다. 이때 여자가 "너, 나 좋아하냐?" 되묻더라도 당황하지 말고 밀어 붙이며, 그녀가 당황하는지 반응을 살펴보시길 바랍니다. 십중팔구는 그런 건 아니지만 자기의 친구나 지인을 소개시켜 주고 싶다고 대답합니다. 이런 답변을 들은 남자는 여자에게 꼭 다시 한 번 물어봐 주세요. 너보다 예쁜지, 그러면 한번 만나보겠다고요. 그러면 여자는 자신보다 괜찮은 애가 없으며 만나기 쉽지 않을 것이라고 대답할 수 있습니다. 이런 대화를 통해 남자는 동시에 2개의 썸이 생기는 겁니다. 소개받은 이성이 더 예쁘면 그녀와 사귀면 되는 거고, 맘에 들지 않는다면 소개해 준 여성에게 너보다 괜찮은 사람을 만나기 힘들 것 같으니 자기와 함께 사귀자고 대시하면 됩니다.

단, 이때 진정성이 있어야 합니다. 장난스럽게 이야기하지 말 것! 호감 가는 여자라면 한 번쯤 깊숙이 찔러 보아 당황하게 만들어 보는 것도 방법입니다.

> **TIP** 한 번쯤 센스있게, 여자의 마음을 흔들어 본다!

연애도 거래! 갑과 을이 있다!

상대 여성의 마음은 확인도 하지 않은 채 자기 마음대로 밀고 당기려고 하는데, 밀당은 서로 좋아하는 마음이 어느 정도 같을 때만 가능한 일입니다. 남녀가 서로 똑같이 50:50으로 좋아할 수 없습니다. 연애에도 갑과 을이 존재합니다. 연애에서는 남녀 중에 한쪽이 조금 더 많이 좋아하게 되어 있습니다. 먼저 고백하는 쪽이 '연애의 을'이 됩니다. 연애의 갑과 을이 생기면 연애거래가 이루어지는데, 당연히 흥정은 상대 여성인 갑이 할 수 있는 것입니다. 이때 연애의 을인 당신이 갑을 밀고 당기기를 해서는 제대로 된 거래가 될 수 없습니다. 오로지 갑의 입장을 들어주고 맞추어 주어도 거래가 될까 말까입니다.

연애 못 하는 남자들의 가장 큰 실수는 상대 여성도 자신을 좋아한다고 믿고 있다는 전제부터가 잘못되었고, 두 번째는 그녀가 당신에게 호감이 있다는 것을 알면, 좋아하는 마음의 크기가 같을 거라는 착각에서 말도 안 되는 전략을 구상하기 때문에 잘 성사되지 않는 상황이 발생합니다. 연애도 거래라면 거래입니다. 서로의 이성 친구가 되어주며 감정을 주고 받는 계약을 하게 됩니다. 당신이 그녀를 좋아하는 순간부터 연애거래는 시작되고, 당신은 연애의 을이 되어 갑의 횡포, 일명 '연애 갑질'을 당할 수도 있습니다. 연애 갑질을 당하기 싫다면 마음은 조금 덜 가지만 당신을 좋아해주는 여자를 만나면 됩니다. 그런 여자가 많지는 않겠지만 가능하다면 당신은 연애에서 쉽게 갑이 됩니다. 자신이 좋아하는 여자가 생기는 순간, 자신은 연애의 을의 입장이 된다는 것을 잊지 않으셔야 합니다. 연애 고수는 마음에 드는 그녀가 눈에 들어오는 순간, 철저하게 을의 입장이 됩니다.

연애의 갑이 되는 그날까지 그녀를 위해 헌신하는 모습을 보여줍니다. 이것이 연애 고수와 하수의 결정적인 차이입니다.

TIP 호감을 가지는 순간, '연애의 을'이라는 것을 잊지 말자!

RULE 07 : 갑이 되는 방법

연애의 갑이 될 때까지 노력한다!

내 마음대로의 연애, 그녀의 눈치를 덜 보고 마음대로 생각하고 말하고 행동할 수 있는 그런 마음 편한 연애를 언제쯤 할 수 있을까? 그녀의 마음을 가질 수 있는 연애의 갑이 될 수 있을까? 안타깝지만 남자가 연애의 갑이 될 수 있는 방법은 3가지뿐이랍니다.

첫 번째는 남자가 여자보다 결혼점수(직업, 직장, 외모, 키, 학력, 학벌)로 3스텝 이상 우위를 점하면 가능합니다. 하지만 이건 몇몇 특정 사람들의 얘기가 됩니다.

두 번째는 여자가 먼저 갖고 싶은 남자, 안기고 싶은 남자가 되면 됩니다. 당신의 매력을 자연스럽게 어필해야 하는데 직장인의 경우 쉽지 않은 일입니다. 주변 사람이나 지인, 직장 동료, 동호회 활동으로 지속적으로 자연스럽게 만남이 이루어져야 하는데 일명 구장이나 울타리 내에 있어야 가능하며, 강도를 조금씩 높이며 멋진 모습만을 보여주는 것도 피곤한 일입니다.

마지막으로 가장 확실한 방법은 그녀와 잠자리를 3회 이상 가지면 됩니다. 당신은 사귀기 시작 전 그녀의 마음에 들기 위해 노력하고, 사귀고 나서는 더 노력하고 그녀가 무장해제 되기까지 참고 인내 하여야 첫 번째 목적을 달성할 수 있을 것입니다.

당신이 첫 섹스에 성공하더라도 그때부터 여성은 더 초조하고 불안해합니다. 첫 번째가 성공하면 남자들은 두 번째는 쉽다고 생각하며 마음을 놓는 경우가 있는데, 이때가 가장 위험하니 아직은 긴장의 끈을 놓아서는 안됩니다. 서로 호감을 가진 상황에서 3회 이상 잠자리를 가지고 나면 정이 생겨 당신이 어떤 거짓말을 한다고 해도 그녀는 당신 편에서 믿어주려 할 것입니다. 이때 비로소 당신은 연애의 갑이 되는 것입니다. 그동안 그녀를 위해서 미루어 두었던 본인의 일이나 업무를 이제는 마음 놓고 우선순위가 조금 바뀌어도 가능한 시점입니다. 여자친구는 '내 남자가 변했다고, 연애 전이랑 달라졌다고' 말하지만, 이때가 안정기입니다. 이제는 여자친구가 당신을 걱정하며 먼저 연락이 오고, 사랑을 주게 되는 을의 입장이 될 것입니다.

연애의 갑이 되는 그날까지 인내하고 노력하시길 바랍니다.

TIP '연애의 갑', 시작은 잠자리 3번 이후부터!

늑대 본능을 잠시 숨긴다!

꽤 괜찮은 레스토랑에서 분위기를 잡고 글라스로 와인이나 칵테일 한잔 정도 곁들이며 대화를 나누다 보면 그녀가 나한테 호감이 있는지 없는지 확신이 들 거랍니다.

연애 고수는 첫 만남에 장소를 가장 신경 씁니다. 한마디로 설계를 하고 분위기라는 지원군을 얻게 됩니다. 테이블 간의 거리가 많이 넓은 와인 레스토랑이나 식사 후 분위기 좋은 룸 형식의 술집, 맛있는 안주를 파는 이자카야가 좋습니다. 사귀기 전, 관계를 좁히는 단계에서 술을 마신다고 하면 여성분은 남자의 늑대본능이 나올까 봐 긴장하게 되는데 싫어하는 눈치가 보이면 억지로 술자리를 만들 필요는 없습니다. 첫 잔은 비워야 한다는 남자들만의 생각을 강요하지 마시길 바랍니다. 먼저 "술을 왜 안 드세요?"라는 표현은 쓰시지 않는 것은 기본입니다. "한잔 드릴까요?"라며 권한 후 잔을 따라줄 때 절반 정도만 채우면서 "적당히 드세요"라고 말하며 술잔을 당신의 손이 닿지 않는 여성분 앞쪽에 두는 것이 포인트랍니다. '나는 당신에게 술을 먹이게 할 의도가 전혀 없습니다'라는 무언의 표현입니다. 당신의 술이 비어 살짝 잔을 들어 보이면서 여성분의 술을 받다 보면, 그녀도 분위기 박자에 맞추기 위해 "저도 한 잔 주세요"라고 얘기하게 될 거랍니다.

여성을 유혹하기 위해 와인이나 칵테일이 좋은 이유는 첫 잔을 소믈리에가 따라주고, 칵테일은 만들어진 상태에서 서빙해 주기 때문에 당신이 술을 권하는 것처럼 보이지 않아 부담 없이 마시게 되는 효과가 있습니다. 서로 마주 보고 앉지만, 술자리가 무르익고 서로가 적당히 취하게 되면 화장실을 다녀오면서 옆자리에 살짝 앉아 보길 바랍니다.

이때 여성분이 완강하게 거부하면 다시 앞자리로 재빨리 이동해 오시길 바랍니다. 거부감이 없다면 서로 마주보기도 하면서 손을 잡아본다거나 뽀뽀 정도는 무난할 수도 있는데 역시 흥분하지 말고 천천히 설렘과 떨림을 그녀에게 전달하시길 바랍니다. 키스까지도 가능할 수 있는데, 이때 매너없는 손이 발동하게 되면 다시 원점이 될 수 있으니 주의하시길 바랍니다.

TIP 술자리에서 옆자리에 앉게 된다면, 늑대 본능을 살짝만 보여준다!

RULE 09 : 와인 활용법

어떤 와인으로 어떻게 유혹할까!

와인은 유럽문화를 반영하는 비싼 술이라는 인식과 분위기 좋은 장소라는 것을 알기에 한잔하자고 하면 자신에게 호감이 있다는 걸 알면서 넘어오기도 합니다. 그렇다면 여성을 유혹하기 위해 마법의 술과도 같은 와인을 어떻게 활용해야 할까요? 목적은 어디까지나 여성을 유혹하는 데 있으니 딱! 거기까지만 말씀드리겠습니다. 안주는 무조건 '모듬 과일과 치즈'를 주문하시길 바랍니다. 치즈만 주문하면 양이 너무 적어 빈해 보일 수도 있으며, 조금 퍽퍽할 수도 있습니다. 레드와인은 무시하길 바랍니다. 타닌 성분 때문에 떫어서 많아야 2잔 이상 먹기도 어렵습니다. 화이트와인이 달콤하다는 것은 잘못된 편견입니다. 90%는 드라이한 와인입니다. 달콤한 화이트와인은 독일의 '리슬링', 프랑스의 '모젤' 품종이 유명하며, 쉽게 구분하는 방법은 병의 주둥이 부분이 날씬하게 잘 빠져 있는 것을 확인하면 됩니다. 그런데 문제는 가게에서 단가가 맞지 않는지 달콤한 화이트와인을 잘 가져다 놓지 않습니다. 단맛이 너무 강해 이것 역시 여러 잔 마시기에는 부담이 있습니다. '모스카토'는 상품 이름이 아니라 포도품종이며, '빌라엠'은 도수가 5도밖에 안 된답니다. 이것을 마시고 취기가 있을까요?(참고로 와인의 도수는 10~14도, 맥주 4도, 막걸리 6도, '백세주'와 '산사춘' 10도, '처음처럼'과 '참이슬 후레시' 17도 정도입니다)

여성을 유혹할 때는 '로제와인'을 이용하셔야 합니다. 보통 미국 캘리포니아 지역의 '진판델' 품종이 많고, 화이트와인으로 쓰여 있는 게 맞습니다. 핑크빛에 딸기향이 나며, 차게 해서 마시면 좋으며 새콤달콤해서 싫어하는 여성분을 보기 어렵습니다. 고급스러운 분위기, 은은한 촛불과 감미로운 음악, 딸기향이 나는 핑크빛 로제와인, 살짝 알딸딸해진 느낌에 촛불과 와인 빛깔 사이로 앞자리에 여성분이 너무나도 예쁘게 보일 거랍니다. 상대 여성분도 마찬가지랍니다. 도수가 10.5도인데, 여성분이 먼저 한 병 더 시키자고 할 거랍니다. 1인 1병을 마셨는데 괜찮을 리가 있을까요?

이 정보를 알고 있는 분들은 최소한 안타는 칠거랍니다.

> **TIP**　로제와인으로 분위기에 취해, 맛에 취해, 향에 취해!

만남의 기회가 온다면 한없이 착하게!

'여자가 아깝다', '남자가 아깝다' 이런 말 한번 쯤 들어 봤을 건데 '연애 스펙'의 차이가 나면 주위에서 이런 얘기들을 한답니다. 기본적으로 수능점수가 높은 학교, 정년이 보장되거나 사회적 인지도가 남성보다 높은 직업 및 직장에 근무한다면 여성분이 더 연애스펙이 높은 거랍니다. 연애 고수들은 늘 겸손하며 자신보다 연애스펙이 높다고 판단되면 무리수를 던지지 않습니다. 자신이 아무리 대단하고 능력 있다며 떠들어봤자 씨알도 안 먹힌다는 것을 이미 알고 있어서 그냥 부족함을 깔고 들어갑니다. 자신보다 연애스펙이 높은 여자와 결혼까지 성공한 남자들에게는 공통점이 하나 있습니다. 자체적으로 조사해 본 결과, 그녀들의 하나같은 답변은 '착하다'였습니다. 주위에서 아무리 아깝다고 해도 자신한테 정말 잘하며, 말도 잘 듣고 너무 착하다는 말만 반복합니다. 여자들도 사회적으로 자신이 더 높다는 것을 알고 있지만, 무엇보다 여자로 인정해주고 자신만을 위하며 한없이 마음을 보내주는 남자에게 자신의 마음도 주고 싶어 합니다.

자신보다 연애스펙이 높은 여자와 결혼하는 것을 보면, 대단하다는 생각이 들면서도 자신이 목표로 한 여자에게는 정말 착하게 잘하는 노력과 열정에 박수를 보냅니다. 그녀를 차지하겠다는 마음 하나로 마냥 다 들어주고, 행동하며, 묵묵히 다 받아냅니다. 그녀가 원할 때까지는 스킨십도 인내하고 기다릴 수 있어야 합니다. 쉽지 않겠지만, 결혼 전까지 안 된다고 하면 그것 또한 기다립니다. 자신보다 연애스펙이 좋은 여자와의 결혼을 꿈꾼다면, 만남의 기회가 왔을 때 연기라도 하시길 바랍니다.

항상 인내하며, 한없이 착하고, 말 잘 듣는 남자의 모습을 보여주는 길이 그녀를 차지하기 위한 가장 빠른 방법입니다.

TIP 부족함을 인정하고 착한 남자의 모습으로!

13장

오랜 연애 유지

———

싸우거나 바람, 권태기 대처방법!

RULE 01 : 마법에 걸리는 날

———

여자친구 월경 날짜 및 특성 알아두기!

첫 섹스는 남자친구가 자신을 아껴주고 존중해 준다는 느낌을 받아야 허락하기도 하지만, 다른 이유로는 여성분이 안전하게 관계를 하기 위해 계산을 한다는 것도 이해해주시길 바랍니다. 관계도 하기 전에 처음부터 월경 날짜를 물어보면 당신의 머릿속은 온통 섹스로 가득 차 보이는 늑대로만 보일 수 있습니다.

이 질문은 첫 관계 후, 함께 누워 있을 때 물어보면 답을 해줄 것입니다. 그녀가 의문을 가지고 되물을 경우 "네가 마법에 빠진 날 예민하고 까칠해도 내가 더 이해해주려고 알아두는 거야", "그날 앞뒤로 3일 정도는 너의 짜증 뭐든지 다 받아준다!", "마음껏 짜증 내, 욕해도 좋아!"라는 멘트로 얘기해준다면 남자친구의 배려에 살짝 감동할 수도 있습니다. 시작일 전후 5일이 고비인데, 한 달에 10일 정도는 예민하다고 보시면 됩니다. 스트레스나 상황에 따라 매달 같은 날이 아닌 3~5일 정도 차이가 날 수 있습니다. 이 기간 중에는 몸이 무겁게 느껴지고 실제로 몸이 조금 붓기도 하기 때문에 "나 살찐 것 같지?"라고 지겨울 정도로 계속 물어보는 것도 이런 이유에서

입니다. 물론 "아니, 전혀 살찐 것 같지 않고 날씬하기만 한데"라고 답하시면 됩니다. 음식이 당기기도 했다가 갑자기 입맛이 없기도 합니다. 남자는 경험해 보지 못하는 생리통도 괴롭고 조울증처럼 갑자기 기분이 좋다가도 다운되며 온갖 짜증을 내기도 하기에 여자친구만의 특성을 알아두시길 바랍니다. 이때 평점심을 가지고 여자친구에게 맞추어주면서 잘 넘어가느냐가 오랜 연애를 하는 데 있어 가장 중요한 부분입니다. 이런 상황이 한 달에 한 번씩, 10일 정도이고 생리가 완전히 끝나고 나면 후련해지고, 몸이 가볍고 기분이 상쾌해져서 언제 그랬냐는 듯이 방긋방긋 웃기도 합니다.

월경이 있는 날로부터 15일이 가장 위험하므로 가급적 12~18일 되는 날에는 관계를 피하시는 것이 좋고, 어쩔 수 없이 하게 된다면 서로를 위해 콘돔을 착용하시길 바랍니다. 이때 서로가 원치 않게 질 내 사정을 하게 된다면, 다음날 바로 산부인과를 가서 사후피임에 대해서 체크해 보시길 바랍니다. 빠르면 빠를수록 좋다고 합니다.

> **TIP** 여자 친구의 월경주기를 알아두고 기분에 맞추어 주자!

다른 여자 쳐다보지 않고 집중하기!

남자들이 가장 욕먹는 것 중에 하나가 바람기라고 해서 다른 여자를 쳐다보는 것입니다. 반대로 여자친구가 당신보다 키가 크고 훈훈한 남성이 지나간다고 해서 쳐다보거나 함께 본 영화의 남자 주인공이 멋있다고 얘기하면 살짝 질투심도 나고 기분이 나빠질 것입니다. 일부러 보려고 하는 것은 아닌데 습관으로 굳어져 버려 고치기가 쉽지만은 않습니다. 카페나 음식점에 문을 열고 들어오는 소리만 들려도 쳐다보게 되고, 길거리에서 예쁜 여자가 지나가거나 치마 길이가 짧은 여자, 색채감각이 대담한 여성들을 보면 눈이 가게 됩니다. 심한 경우 여자 구두 소리만 들어도 그쪽으로 고개를 돌리거나 시선이 간다는 것입니다. 당신의 시선이 다른 여자에게 갈 때마다 여자친구는 알고 있습니다. 몇 번 참다가 말을 꺼내게 될 것이고, 처음에는 머쓱하기도 해서 그때마다 변명처럼 넘기겠지만 이런 상황이 반복되면 당신을 못 미더워하고, 의심할 행동을 하게 되면 불안해질 수 밖에 없습니다. 그래서 몇 가지 처방을 드릴테니 실천에 옮겨 보시길 바랍니다.

먼저, 카페나 음식점에 들어가게 되면 여자친구를 가급적 벽 쪽으로 앉히길 바랍니다. 당신이 벽을 바라보고 앉아야 하며, 창밖이 보이는 곳이라거나 계단 쪽, 가게 입구에서 가까운 자리는 당분간 피하시길 바랍니다. 또한, 여자친구와 마주 보고 커피를 마시거나 식사를 하게 될 때 의식적으로 그녀의 눈을 바라보시길 바랍니다. 여자친구가 "왜 그렇게 자꾸 쳐다봐?"라고 하면 "예뻐서", "예쁜 내 여자친구 좀 쳐다보면 안 돼?"라고 부드럽게 얘기해주면서 의외의 효과까지 누리시길 바랍니다. 만약, 함께 걷다가 예쁜 여자가 보인다거나 짧은 치마의 여성이 지나가더라도 의식적으로 고개를 돌려 다른 것을 쳐다보거나 여자친구에게 말을 걸면서 시선을 벗어나도록 훈련을 하셔야 합니다.

한 달 정도 의식을 가지고 훈련을 했는데도 다른 여자에게 자꾸 시선이 가고, 고쳐지지 않아 다투는 일이 많아진다면, 여자친구를 정말 사랑하고 있는지 다시 생각해보시길 바랍니다.

TIP   여자친구를 정말 사랑한다면 집중하자!

RULE 03 : 바람을 피웠다면

바람피웠다가 들켰을 때 대처하는 방법!

여자의 촉은 남자가 생각하는 것보다 발달하여 조금만 이상한 행동을 하면 눈치채기 쉽습니다. 그것도 바람피우는 것에 대한 촉은 이상할 정도로 정확도가 높습니다. 누구랑 술 마셨다거나 밥 먹고 차를 마시면서 얘기를 했다는 정도는 말씀하셔도 좋습니다. 이때 흥분하거나 아니라고 발뺌하는 것이 오히려 위험합니다. 여자친구도 바람을 피웠다고 생각하기 싫을 것이고, 당신을 믿고 싶은 마음일 거랍니다. 하지만 여자가 먼저 바람피운 일에 대해 입 밖으로 얘기를 꺼낼 경우, 무언가 확실한 정황이나 물증이 있을 확률이 높습니다. 만약, 바람을 피우다 걸렸다면 어쩔 수 없지만 냉철하게 그녀와 계속 만날 것인지 헤어짐도 불사할 것인지 고려하시길 바랍니다. 오해 살 행동을 해서 미안하다고 사과하시고 있었던 상황, 즉 사실만을 얘기해야 합니다.

주의할 상황이라면 요즘 네가 별로라거나 다른 여자로 인해 흔들린다는 말씀은 하지 말고, 만약 육체적인 관계가 있었다고 얘기한다면 그 관계는 끝이 났다고 보셔야 합니다. 헤어질 때 헤어지더라도 최악의 남자로 기억되고 싶지 않다면 이 상황은 넘기시길 바랍니다. 유흥업소를 다녀온 사실을 여자친구가 알게 되면 빼도 박도 못하고 딱 걸린 거랍니다. 요즘 여자들도 주위의 정보나 검색만 해보면 어떤 곳인지 다 알고 있습니다. 십중팔구 당신이 스마트폰 관리를 잘 못해서 걸리는 경우가 대부분입니다. '이용해 주셔서 감사합니다'라거나 걸그룹 예명으로 등록된 사람이 전화번호에 있다거나 모르는 여자인데 당신에게 '오빠'라는 표현을 쓴 것 등으로 걸리게됩니다. 별일 아닌 것처럼 넘기거나 적반하장으로 큰소리쳐서 그녀와 헤어진다면, 당신과의 추억은 고사하고 업소 여성보다 못한 여자가 된 것 같아 정말 큰 상처를 받게 될 거랍니다.

남자라면 여러 여자를 만나보고 싶은 마음은 이해합니다만 다른 여자와 만나시되 들키지는 않아야 하고, 여러 명을 유지하기보다는 자연스레 겹쳐도 좋으니, 한 사람만 선택하여 예쁜 연애하실 것을 권장합니다.

> **TIP** 바람피우다 걸렸다면 사실(FACT)만 얘기한다! ”

술 한잔 기울일 수 있는 여자친구 만들기!

학창시절 첫 경험도 그렇고 사귀는 이성과의 첫 번째 섹스의 경우, 대부분 술의 힘을 빌려 잠자리 관계로 이어진 경우가 대부분이라고 합니다. 남자는 술을 마시면 성욕은 6배 증가하고 정력은 1/6으로 줄어든다는 재미있는 연구결과도 있다고 하니 술이 섹스에 도움을 주기는 하나 봅니다. 또한, 다음날 핑계 거리로 술김에 그렇게 되었다는 말도 안 되는 얘기를 하며 빠져나간 경험도 한 번쯤은 있을 겁니다.

섹스만이 목적이던 시절, 여성에게 술을 많이 마시게 한 후 "오빠만 믿어", "손만 잡고 잘게"라는 멘트를 날리며 손목 잡고 모텔에 질질 끌고 갔던 경험도 한 번쯤은 있을 겁니다. 그러나 내가 정말 사랑해서 마지막 연애라는 결혼까지 생각해 볼 수 있는 여자라면 이전까지 해오던 방식으로 하기에는 어려움이 있습니다. 사귀기 전에 서로 간에 술자리가 없었거나 간단한 반주로 무리 없이 사귀는 것까지 잘 왔다면 연애가 시작하고 나서 첫 번째 술자리가 중요합니다. 아무리 술을 좋아하는 남성분이라도 이 한 순간만 잘 넘어가시길 바랍니다. 사귀고 나서 첫 술자리는 여성분 입장에서 당신의 본심과 흐트러진 모습을 보고 싶을 거랍니다.

이때 너무 술이 센 척 많이 마실 필요도 없고, 완벽해 보일 필요가 없습니다. 적당히 혀 꼬부라진 소리도 하시며 너처럼 멋진 여자는 처음이며, 정말 좋아하고 있다는 모습만 계속 어필하면 됩니다. 다만 주의하실 점은 당신의 치명적인 단점이나 불리한 점은 이야기하실 필요 없습니다. 술에 취해 주사를 부리지 말고 술김에 그녀와의 잠자리 관계를 하려고 강제적으로나 강압적으로 나가도 안됩니다. 오히려 그녀가 술을 마셨기에 집에 무사히 보내주어야 한다는 생각이 더 크셔야 합니다. 그녀의 잔이 비었다고 해서 자꾸 술을 마시라고 권하는 것은 좋지 않습니다.

사귀고 나서 첫 술자리이다 보니 소주보다는 가벼운 과일 소주나 청하 등이 좋고, 술을 마시는 자리이지만 안주에 더 신경 쓰길 바랍니다. 첫 술자리는 각오하고 마시는 자리이다 보니 맥주는 피하시길 바랍니다. 그녀와 사귀고 나서 처음 함께 마시는 술은 안주가 맛있어 술이 잘 들어가고 대화를 많이 하여 즐거운 술자리로 화기애애한 분위기 연출이 목적입니다. 그래야 다음번에 그녀 또한 당신과의 술자리는 즐겁다고 생각하여 언제든지 서로 흔쾌히 기분 좋을 때나 슬플 때 함께 한잔할 수 있으며 그녀와의 모텔로 향하기 전 충분한 워밍업 단계가 될 수 있습니다.

결혼한 남자들이 가장 행복한 순간은 퇴근 후 아내와 함께 치킨집에서 맥주 한잔 하며 수다를 떨며 고단함을 푸는 것이라고 입을 모아 말합니다. 술 한 잔 기울일 수 있는 친구가 남자가 아닌 당신의 여자친구라면 금상첨화일 것입니다.

TIP   첫 술자리는 대화를 많이 하기!

RULE 05 : 지적하지 말기

패션, 화장, 친구와의 만남에 대해서!

여자친구를 사귀기 전에 그녀의 외적 이미지, 옷차림, 스타일, 몸매 등이 마음에 들지 않는데 사귀는 남성분은 아마 없을 거랍니다. 그런데 사귀고 나서 여자친구에게 이것저것 지적을 하기 시작합니다. "차림은 왜 그래? 화장은 또 그게 뭐니?" 치마 길이가 짧아 길거리를 함께 걸을 때 다른 남자들이 여자친구를 힐끗 쳐다보는 것이 싫다고 자신을 만날 때는 바지만 입고 다니라는 남자들도 많습니다. 당신도 그녀의 이미지를 보고 마음에 들어 했는데 사귀고 나면 옷차림이나 화장에 대해서 바꾸라고 지적하는 이기적인 남성분도 많습니다. 여자는 선천적으로 외모를 예쁘게 가꾸는 것이 본능이랍니다. 다른 사람도 아니고 당신에게 잘 보이기 위해서인데 그걸 하지 말라고 하면 여성분 입장에서는 납득이 잘 가지 않습니다.

여자친구는 당신에게 잘 보이려 최신 유행하는 화장과 패션에 뒤쳐지지 않기 위해 오늘도 검색을 통해 알아보고, 직접 매장에 가서 입어보고 발라보며 정보를 수집하고 당신이 좋아하는 색상이나 취향에 맞게 데이트를 준비할 거랍니다. 당신은 그녀에게 이런 것도 모르고 무턱대고 던진 멘트일 수 있지만, 데이트가 있는 날이면 화장과 패션에 신경 쓰일 수 밖에 없습니다. 당신에게 맞추어 줄 수는 있으나 여자친구의 취향이 빠져 있어 기분은 좋지 않을 것입니다. 여자친구의 패션과 화장에 간섭을 할 거라면 옷이나 화장품을 선물해 보는 것도 방법일 수 있습니다. 뭐 하나 사주지도 않으면서 간섭은 금물입니다. 당신은 교복처럼 매번 같은 옷이나 출근할 때도 입는 옷이지만 여성분은 당신을 만날 때마다 매번 다른 옷을 입을 거랍니다. 데이트 비용을 조금 더 내는 것으로 퉁치는 것 같지만 그래도 여성분과 함께 옷을 구경하며 그녀의 취향이나 좋아하는 색상, 옷감, 브랜드 등에 대해서도 알게 되고 당신 또한 그녀에게 자신이 좋아하는 옷 스타일을 여성분과 함께 보며 얘기를 나눌 수 있는 시간을 가진다면 조금 더 둘의 관계를 좋게 유지하는 방법으로 좋습니다. 그녀가 자꾸 눈은 가는데 가격이 비싸 망설이는 옷이 있다면 다음 기회에 그 옷을 몰래 사 가지고 선물해준다면 당신의 센스에 감동할 거랍니다.

잦은 간섭은 역효과가 있을 수 있습니다. 당신과의 만남이 없는 날, 당신이 보지 못할 때 친구들과의 만남, 다른 모임이나 출근 시 더 예쁘게 하고 나갈 수 있습니다. 그녀 또한 친구들과의 만남이나 학교모임, 동창모임 등이 있을 수 있습니다. 그런데 남자가 포함된다고 해서 가지 말라고 한다거나 친구가 누구냐며 꼬치꼬치 캐물어 보는 피곤한 일은 만들지 않길 바랍니다. 이때 당신과의 만남에서는 바지만 입고 나오던 그녀가 모임에 나간다고 치마를 입었는데 당신과의 잠깐 만남이 있는 경우 "나랑 만날 때보다 더 예쁘게 하고 나가네" 지적하며 비꼬듯 말하면 그녀는 당신이 불편하며 답답해할 수 있습니다. 별것도 아닌 걸로 싸우게 되는 상황이 되기도 합니다.

사귀고 있는 여자친구라면 그녀의 취향을 존중해주고 믿어주시길

바랍니다.

TIP 간섭이 지나치면 싸울 일만 생긴다!

그녀의 직장, 사는 동네, 민망한 상황!

여성분이 마음에 들면 뭐 하나라도 서로 잘 맞는 부분이 없을까 고민하다가 그녀의 직업이나 직장을 서로 얘기해야 하는 상황이 생깁니다. 직업에 대해서 어설프게 아는 척을 하거나 고충을 이해하는 척할 수밖에 없지만 그리 효과 있지 않습니다. 여성분이 다니는 직장 또는 사는 동네에 아는 사람이 있다면 "저 그 회사 아는 사람 있는데, △△라고 아세요? 제 동기입니다"라고 얘기하거나 "그 동네에 무슨 마트, 빵집 유명하죠?"라고 아는 척을 하면 여성분이 좋아할까요?

만약, 그 사람과 불편한 관계이기라도 한다면 치부라도 들킨 것 같아 어쩔 줄 몰라 하며 당신을 경계하게 될 수도 있습니다. 우리나라 사람들은 아직도 겉으로 보여지는 모습을 중요시합니다. 당신이 비싸다고 유명한 동네에 사는 것을 좋게 보는 여성분도 있을 것입니다. 결혼을 눈앞에 두고 있다거나 날짜를 잡았다면 여성분 쪽에서는 낡고 잘 살지 못하는 집을 보여 주고 싶지 않아 새로 지은 아파트로 이사하는 상황이 아직도 많이 남아 있습니다. 소개팅이나 데이트를 하는 과정에서 여성분의 이빨 사이에 고춧가루가 끼어 있을 수도 있고, 하다못해 바지가 상의를 먹어버린 경우가 생길 수도 있습니다. 알아도 모르는 척 넘어가셔야지 데이트 도중 말씀하시면 즉석에서 확인할 수도 없고, 화장실에 가서 확인하면 민망하고 부끄러워 빨리 집에 가고 싶다는 생각 밖에 들지 않아 제대로 된 데이트가 되지 않을 거랍니다. 집에 가서 자신의 부끄러운 상황을 확인하고 물어본다면 모른 척하는 게 좋습니다.

예를 들어 여자분이 치아 사이에 낀 고춧가루를 부끄러워한다면 그럴 수도 있다며 못 본 척하며 넘어가시길 바랍니다. 같은 맥락으로 여성분의 화장에 대해서도 특별한 말씀을 하지 마시길 바랍니다. 손거울 등으로 수시로 확인하기 때문에 남성분이 얘기를 하면 너무 여성적인 것에 관심을 많이 가지거나 예민한 남자로 보여질 수 있으니 알아도 모르는 척이 좋습니다.

> **TIP** 때로는 모르는 게 약일 수도!

RULE 07 : 데이트 비용지출

경제적 상황을 고려하여 현명하게 사용하는 법!

여자친구가 아직 학생이거나 취업준비생이라면 데이트 비용은 남자가 거의 다 내는 것이 좋습니다. 취업이 되지 않은 여자친구에게 돈을 내라는 얘기를 차마 할 수 없을 것입니다. 어리고 예쁘지만 삶과 결혼이라는 현실적인 부분에서 힘들다고 생각되고 당신이 경제적으로 부담된다면 만나지 않는 것이 더 현명한 선택일 수 있습니다. 하지만 그녀를 포기할 수 없다면 데이트 비용에 부담 및 눈치를 주지 않아야 합니다. 여자친구가 아르바이트를 하고 인턴 및 짧은 계약업무를 하며 경제적으로 넉넉하지 않은 상황인데 그런 것도 몰라주고 만나주지 않는다고 투덜거리거나 데이트 비용을 입에 올리는 것은 그녀를 더 힘들게 합니다. 연애가 전개되는 과정에서 식사, 영화, 커피에 디저트, 기름값이나 차비, 모텔까지 1주일에 한 번만 만나더라도 10만 원은 기본으로 쑥쑥 빠져나갑니다. 매달 카드 값을 보며 남자라면 데이트 비용을 줄이고 싶다는 생각도 해보셨을 겁니다.

이때 추천드리는 방법이 '데이트통장'입니다. 여성분 입장에서 단호하게 거절한다거나 돈 문제라 어렵게 느낀다면 어쩔 수 없지만, 연애 안정기가 되어 신뢰가 쌓이고 진지한 만남이라면 한번 설득해 보시는 것도 좋은 방법입니다. 데이트통장 활용법은 매달 같은 날짜에 적금처럼 서로 똑같이 비용을 넣는 거랍니다. 매달 25만 원씩 갹출하여 데이트 비용으로 이용하거나 모아서 여행을 계획하기도 합니다. 공동명의가 아닌 남성분 이름으로 만드셔도 되고 초반에는 통장 내역을 보여주기도 하여 신뢰가고 알뜰하게 씀씀이를 벗어나지 않으면서 관리를 하는 것도 점수를 따는 방법입니다. 모든 데이트 비용을 여기서 꺼내어 쓴다고 생각하지 말고 남자가 조금 더 낸다는 생각은 가지고 있으시는 게 좋습니다. 남성분이 크지 않은 금액이나 이벤트, 월급날, 특별한 날은 데이트통장과 무관하게 비용을 지불하시길 바랍니다. 여유가 있어 문제가 되지 않으면 모르겠지만 늘 돈이라는 것은 넉넉하지 않습니다.

연애 안정기에 접어들면 조금씩 현명한 소비를 하시길 바랍니다.

TIP 여자친구의 경제적 상황도 고려하길! 데이트 비용은 현명하게!

RULE 08 : 위험한 애교 장난

———

일하기 싫다는 투정, 때리는 장난은 하지 않기!

과제하기 싫다고 징징거리고, 학교 가기 싫다고 투정부리는 것을 여자친구가 달래준 경험이 있는 남자는 이런 행동을 애교 있다고 생각할 수 있습니다. 출근이나 일하기 싫다고 징징대거나 직장 및 직장 상사를 욕하고 일에 대한 스트레스를 여자친구에게 투덜거리며 아무렇지도 않게 얘기를 할 수도 있습니다. 여자친구에게는 이런 부분을 애교로 착각하고, 장난치는 게 아니랍니다. 당신이 자부심과 성실함을 보여주면 되는데 툭하면 일하기 싫다고 말하며, 다른 직장을 알아보는 중이라고 하면 여자친구 입장에서 말은 하지 않아도 불안감을 가지게 됩니다.

당신이 사회생활에 잘 적응하지 못하는 것 같고, 쉽게 짜증내는 모습도 보게 되며 인내심도 부족해 보여 당신을 믿고 따르기 힘들 것 같아 이별을 생각할 수도 있습니다. 또 다른 위험한 장난은 데이트 폭력인데 절대 있어서는 안되겠습니다. 술 마시고 바닥에 패대기치며 때려야지만 폭력이 아니랍니다. 때리려는 포즈를 잡거나 입에서 나오는 욕설도 폭력입니다. 장난치듯 한두 대 때리다가 여자친구도 울컥해서 반응하면 그게 재미있어서 데이트할 때마다 반복될 수 있습니다. 남자가 손가락으로 누르거나 찌르기 정도만 가해도 아파하며, 멍이 들 수도 있습니다.

반대로 여자친구가 장난스럽게 한 대씩 툭툭 치는 버릇이 있다고 하면 정색을 하면서 강하게 싫다고 말씀하셔야 합니다. 사실 남자도 맞으면 아픈데 여자친구는 있는 힘껏 때리기도 합니다. 순간적으로 남자도 맞고 나서 아프면 반사적으로 손이 나갈 수 있습니다. 처음에는 애교 있게 보이려 장난으로 시작된 것이 서로에게 불안감과 위험으로 다가와 되돌릴 수 없는 상황이 될 수 있습니다. 연애하는 사이에서도 지켜야 할 선이라는 게 있어 장난을 치더라도 서로 받아들일 수 있을 정도인지 한 번 더 생각해보시길 바랍니다.

> **TIP** 남자의 애교와 장난은 안 하는 것이 더 나을지도!

RULE 09 : 권태기가 온다면

———

연애 안정기에 섹스에 대한 변화가 필요하다!

안정기 초반에 들어서는 순간, 원 없이 섹스를 즐길 수 있다는 생각도 잠시, 중반에 이르면 슬슬 섹스도 그렇게 재미있지도 않고 아주 힘든 노동이라는 것을 깨닫기도 합니다. 그녀가 먼저 스킨십을 시도하는 단계에 이르렀을 때 또 다른 여자가 눈에 들어오기도 합니다. 엄청난 큰 차이가 없다면 새로운 여성을 만나 이 단계까지 오는 것이 정말 많은 시간과 돈, 노력, 열정이 섞여 있는 것을 알기에 웬만하면 현재의 여자친구를 만나려고 할 것입니다. 또한, 여자친구가 있다는 것은 혼자서 긴 밤 외로움을 해결 하는 것보다 훨씬 나은 점이 많다는 것을 숱한 경험을 통해 잘 알고 있을 겁니다.

오랜 연애를 유지하려면 여성이 원할 때 잠자리를 가지면 됩니다. 그러나 살짝 흥미가 떨어지거나 섹스가 의무감이 되어 버린다는 생각이 들면 여자친구에게 당신의 성적 판타지를 얘기하여 변화를 주는 것도 좋은 방법입니다. 교복을 입어 달라거나 섹시 란제리를 이용하는 방법도 있으며 다양한 체위에 대한 시도도 효과가 있을 수 있습니다. 둘 다 보수적이라 이런 부분을 얘기하기가 어렵다면 성인 동영상을 함께 보며 "저런 것도 한번 해보면 어떨까? 나는 저렇게 해보면 정말 좋을 것 같은데"라며 은근히 바라듯이 물어보길 바랍니다. 이 시기가 되면 그녀도 흔쾌히 수긍할 것입니다. 부티크 모텔에 가서 사랑도 나누어보고, 외곽으로 나가 예쁜 모텔이나 펜션 이용도 해보며 여행을 가서 맛있는 것도 먹고 분위기를 만들어 본다면 새로운 윤활제가 될 것입니다. 섹스나 스킨십에는 스릴감도 필요합니다. 영화관에서 그녀의 손을 당신의 거기에 넣고 가방으로 가려보기도 하고, 차 안에서는 물론이거니와 마트나 백화점, 주차장에서도 즐길 수 있으며, 공중화장실에서도 가능합니다. 그녀를 사랑하지만, 매번 똑같은 데이트, 똑같은 섹스로 인해 만남 자체에 흥미가 떨어지고 재미없다면 그 사랑은 오래가지 못합니다. 다양한 시도와 방법을 통해 유쾌한 데이트와 함께 색다르고 즐거운 변화를 주게 되면 그녀와 함께하는 것이 더 즐겁고 사랑스럽게 보일 것입니다.

TIP 섹스에 변화만 주어도 연애가 즐거워진다!

RULE 10 : 자존심 세워주기

———

콤플렉스까지 사랑으로 감싸주기!

여자친구와 오래 만나고 싶다면 여자의 자존심은 건드리지 않아야 합니다. 또한, 별것도 아닌 일에 목숨 걸고 이기려 하지 마십시오. 여자친구한테 사소한 걸로 이겨서 이득이 되는 건 하나도 없습니다. 여자친구의 자존심을 세워주는 가장 좋은 방법은 외모에 대한 칭찬입니다. 데이트하려고 만나는 순간 "오늘 왜 이렇게 예뻐?", "며칠 못 본 사이 살이 좀 빠진 것 같아!"라는 멘트는 식상할 것 같아도 매번 해주시길 바랍니다. TV나 영화를 보다가 여자친구가 갑자기 주연 여배우를 칭찬할 수 있습니다. "김×× 너무 예쁘지?", "송○○ 너무 예쁘지 않아?"라고 하면 "내 눈에는 네가 더 예쁜데!"라고 여자친구를 치켜세워주셔야 합니다. "뻥치시네, 거짓말!"이라고 하면 센스있게 "김××, 송○○가 나를 만나줄까?"라고 반문하거나 "내가 만날 수 있는 사람 중에 네가 제일 예뻐, 너니까 나 만나주는 거자나!"라고 세련된 멘트를 구사해보시는 것도 좋습니다. 여자친구가 하는 일에 대해 무시를 한다거나 자존심을 깎아내리면 당신과 치열한 공방전을 펼치며 한바탕 싸우게 될 거랍니다.

학생이거나 취업준비생에게 "그렇게 공부해서 되겠어?", "언제까지 놀기만 할 거야?" 등 자존심을 건드리면 당신과는 만나지 말아야겠다는 결론에 이르게 되며, 태도가 돌변하여 돌이킬 수 없는 사태까지 갈 수 있습니다. 여자친구가 섹스할 때나 섹스 후에 자신의 콤플렉스를 얘기할 수도 있습니다. 이때 아무런 말을 하지 않거나 그냥 넘어가면 여자친구의 자존심을 밟게 됩니다. 계속 물어볼 수도 있습니다. 그때마다 열심히 얘기를 잘해서 자존심을 세워줄 수 있어야 합니다. 귀찮다거나 한 번만 잘 못 말하면 끝까지 담아두기 때문에 주의하셔야 합니다. 입장을 바꿔 생각해 보면 남자분의 콤플렉스를 건드리거나 고백했을 때 아무 대꾸가 없는 여자분을 보고 기분이 좋을 남자는 세상에 아무도 없습니다.

> **TIP** 끊임없이 칭찬하며, 예쁘다고 해주는 것이 살아남는 길!

14장

직장인 연애의 끝

———

알려주지 않는 남자들의 결혼준비!

혼자서 하는 게 아닌 양가의 돈 놀음!

'혼밥혼술'이 유행하며, 연애하고 섹스는 즐기되 결혼은 하지 않겠다는 사람들도 많습니다. 당신이 이 세상에서 정말 혼자라면, 결혼을 생각하지 않아도 됩니다만 직장과 환경의 상황, 나이가 들어감에 따라 부모님도 마음에 걸리기 시작합니다. 손주를 봐야 할 흰머리 가득한 부모님의 처진 어깨를 보고 있노라면 불효를 저지르는 것 같아 마음이 좋지 않습니다. 특히, 당신이 첫째이거나 집에서 처음 하는 결혼이라면 더 할 거랍니다. 퇴직하실 때가 다 되면 당신을 위해 적금처럼 내었던 부조금을 조금이라도 더 받으려는 생각에 결혼을 재촉하기도 합니다. 이렇게 부모님 생각이 들 때면 남들 다 하는 결혼, 죽기 전에 나도 한번 해봐야겠다는 생각도 들고, 남자는 늙고 힘들 때 혼자가 어려워 동반자의 필요성도 느끼게 됩니다. 요즘은 연예인들 또한 비공개나 스몰 웨딩으로 부모님과 친한 지인 몇몇만 불러서 결혼식을 하는 것을 많이 보았을 겁니다. 하지만 우리나라에서 다른 것들은 외국 문화를 잘 따라하면서도 결혼은 아직도 구시대적인 발상과 형식을 많이 따르고 있습니다. 유교문화의 영향도 있겠지만, 그들이 경험한 결혼을 생각하며, 해야 할 것을 충분히 해가지 못하면 살아가면서 싸울 때 "그쪽이 해온 게 뭐가 있냐?"라는 말이 나와 당신이 기가 죽을까 봐 노심초사 하십니다. 즉, 결혼은 혼자서 하는 게 아닌 양쪽의 집안이 합해지기 때문에 당신 한 사람만의 생각을 내세울 수 없습니다. 남녀가 결혼하기로 선언했다면 그 순간부터 서로 해준 만큼 주거니 받거니 한다고 해서 결혼준비를 '돈놀음'이라고 부르기도 합니다. 준비 과정에서 양쪽 집안의 돈 문제와 함께 부모님들의 체면과 입장도 있습니다. 서로만 좋으면 가능할 것 같았던 연애과정과 달리 결혼준비에는 양쪽 집안 간의 이해관계가 얽혀 있어서 어렵습니다. 준비과정에서 돈 문제로 인해 서로의 감정이 상해 갈라서게 되는 경우가 생길수도 있습니다.

TIP 결혼준비는 남자가 많이 알고 준비할수록 양쪽 집안이 편안해진다.

RULE 02 : 결혼준비 두 번째

물에 빠진 엄마와 그녀, 누구부터 구할래?

만약, 강물에 당신의 어머니와 여자친구가 빠져 둘 중 한사람을 먼저 구해야 한다면 누구부터 구하시겠습니까? 십중팔구는 어머니를 먼저 구한다고 합니다. 둘 다 동시에 구한다고 대답했다면 어머니 쪽으로 기운 거나 마찬가지랍니다.

앞으로 평생을 함께 해야 할 그녀와의 행복한 결혼생활을 원한다면 어머니께는 죄송하지만 예비 신부를 먼저 구한다고 답을 하셔야 할 것입니다. 결혼준비에서 문제는 당신 어머니로 인해 생길 수 있는 부분이 많은데, 뭐라고 말하기가 어렵고 여자친구 편을 들기에는 더 힘듭니다.

누구나 집에서 다 귀한 아들이었고, 태어난 순간부터 가장 많은 시간을 함께 보내어 영향을 제일 많이 받고 닮아 있는 사람인 어머니가 당신을 그녀에게 빼앗기게 된다는 두려움과 함께 묘한 질투심을 느끼기도 하여 예비신부에게 괜한 투정을 부리거나 이해할 수 없는 말과 행동을 할 수도 있습니다. 당신은 결혼을 선언한 이상 한 사람의 가장으로 촌수가 없는 부부로서 그녀와 일심동체가 되어야 하는데 자꾸 1촌인 어머니가 당신의 결혼준비를 시작으로 결혼생활에 감 놓아라 배 놓아라 간섭하게끔 놓아두면 당신의 여자는 말도 못하고 힘들답니다. 즉, 말로만 듣던 고부간의 갈등이 시작되는 순간입니다. 이게 바로 현대판 마마보이랍니다.

당신은 결혼해본 적 없다는 이유로 혼수나 예물도 어머니가 시키는 대로 준비하고 여자 쪽에 전달해주는 역할만 할 수 있습니다. "엄마 소원이니까 이렇게 하자"는 식으로 예비신부의 입장은 고려하지 않은 채 하나둘씩 그렇게 해버리고 있을 거랍니다. 특히, 효심이 깊어 부모님께 용돈을 드리고 있던 남자, 집안에 여자 형제가 없거나 외동인 경우, 더 유의하셔야 합니다.

결혼 준비 시 예비신부가 브레이크를 건다면 당신의 어머니를 점검해보시길.

TIP 당신의 어머니보다 항상 예비신부를 우선으로 하길!

RULE 03 : 결혼준비 세 번째

정식 인사 시 여자친구 부모님 생각해주기!

　그녀와 결혼에 대해서 상의할 때 늘 여자친구의 부모님을 빠뜨리지 말고 챙기는 건 기본이고, 당신의 부모님보다도 우선적으로 생각해준다면 예비신부가 정말 고마워할 것입니다. 우리나라는 '효' 사상을 중요시하고 어른을 공경하는 것을 미덕으로 알기에 '사람이 괜찮다', '사람이 되었다'라고 말할 때는 웃어른들에게 어떻게 대하느냐를 보고 판단하게 됩니다. 여자친구가 처음으로 감동하는 부분은 먼저 인사드리러 가자고 얘기할 때입니다. 이제 비로소 '결혼을 하게 되는구나'하는 생각이 듭니다. 특별한 얘기가 없으면 보통 고기를 사 들고 가는데 그래도 그녀에게 부모님이 무엇을 좋아하시냐고 한번 물어보는 게 좋습니다. 요즘에는 건강을 위해 홍삼이나 녹차를 인사할 때 선물로 많이 가지고 갑니다. 급한 결혼이 아니라면 밖에서 식사를 한번 하고, 정식으로 여자 쪽의 집으로 가기도 합니다. 정식으로 간다면 그녀의 어머니는 당신을 위해 손수 많은 음식을 준비하고 집안 대청소를 하게 되니 밖에서 식사 후 다과만 준비해도 된다고 귀띔해 주는 것도 센스입니다. 이때 여자 집안이 어떻게 사는지 미리 가늠하셔야지, 그런 부분들이 마음에 들지 않는다고 생각하는 순간 그 결혼은 하지 않는 것이 낫습니다. 인사를 드리러 갈 때 상견례 일정과 장소에 대한 얘기가 어느 정도 나오기도 합니다. 또한, 결혼에 필요한 예물이나 혼수 문제까지 살짝 이야기가 오갈 수 있습니다. 이때 서로가 어느 정도 줄다리기를 하게 되는데 남자 분 입장에서 부드럽게 제안을 하시면서 한두 가지 정도 확실히 하셔야 할 부분은 분명히 얘기를 하시는 게 좋습니다.

이후 예비신부가 남자 집안에 인사를 드리러 오면 최대한 편할 수 있도록 부모님과 대화를 나눌 때 여자친구의 편이 되어 거들어 주시길 바랍니다. 이제 양가 부모님이 만나게 되는 상견례 날짜와 장소를 정하시게 되면 본격적인 결혼준비에 돌입하게 될 거랍니다.

TIP 여자친구의 부모님을 챙겨야 사랑받는다!

RULE 04 : 결혼준비 네 번째

집 장만 비용 및 대출 어떻게 준비해야 할까!

남자들의 경우, 결혼 준비 시 가장 큰 목돈이 들어가는 집 문제를 어떻게 해결할지가 고민거리가 될 거랍니다. 보통 상견례 전에 집을 장만해야 양가 부모님을 모시고 얘기를 할 때 편하답니다. 집이 준비되지 않으면 여자친구와 주말마다 집을 알아보는데 시간을 전부 보내게 될 거랍니다. 이때 여자친구가 마음에 들어 하는 집과 현실과의 차이 속에 갈등이 시작되는데 남자친구의 속마음도 모르고 이 집으로 하자고 졸라대는 여자친구가 미워 보일 수도 있고 다툼의 원인 될 수도 있으니 집은 웬만하면 남자가 혼자 알아보거나 미리 준비해두시는 편이 좋습니다.

일반적으로 20대에서 30대 초반의 남자가 결혼을 한다면 신혼집이 20평 이하의 전세라도 이해할 수 있는 부분이지만 40대 남자가 25평 이상의 자가가 없다면 현실적으로 여성분 입장에서 결혼을 생각하기 힘들 수 있습니다. 요즘은 집을 사도 남는 장사가 아니라는 인식이 있어 전세나 월세로 살되 주상복합 등의 좋은 환경을 선택하는 분들도 있습니다.

대한민국에서 평균적으로 신혼집을 장만할 때 30대 중반의 남자라면 25평 내외의 아파트에서 시작하는 것을 관례처럼 생각하는 것 같습니다. 비용은 2억5천만 원 내외로 경기지역에서는 전세로, 그 외 지역에서는 자가로 시작할 수도 있습니다. 예를 들어 2억5천만 원 정도의 집을 해 간다면 보통 비용은 남자가 직접 모아둔 1억 정도를 내고, 남자 쪽 집안에서 5천~1억 정도 충당하며 나머지 1억 정도는 대출을 받습니다. 10년간 매달 원금과 이자를 120만 원 전후로 갚아 나간다고 보시면 되는데 직장의 규모와 복지에 따라 이자에 차이가 있을 수 있습니다. 대출금은 남녀가 함께 매달 갚아 나가거나 한쪽이 생활비를 맡기도 합니다. 집값이 너무 비싸다는 것은 다들 알고 있는 사실이기에 요즘은 결혼 문화가 현실적으로 많이 바뀌어 혼수를 줄이고 대신 집 장만을 남녀가 함께 하는 경우도 많은데 그래도 남자 쪽에서 5천~1억 정도, 여자가 5천, 나머지 5천~1억은 대출을 받는 방법도 많이 선택합니다.

집이 장만되면 이제부터 혼수전쟁입니다.

TIP 결혼준비의 본격적인 시작은 집 장만부터!

터닝 포인트! 상견례 및 결혼식장 정하기!

결혼준비의 터닝 포인트는 상견례라고도 말합니다. 양가 부모 및 형제들이 한자리에 모여 인사를 하는 자리인 것과 동시에 서로 탐색전을 하는 긴장되는 자리이기도 합니다. 이때 어떻게 하느냐에 따라 결혼준비가 쉽게 갈 수도 있고, 그렇지 않을 수도 있습니다. 상견례는 보통 지역 일대의 한정식집 또는 호텔을 많이 이용하며, 룸으로 예약하여 조용히 대화를 할 수 있는 곳이 일반적입니다. 서로 다른 지역일 경우, 양가 부모님의 건강문제를 체크해서 정하는 게 좋습니다.

이왕 점수를 따는 자리라 조금 더 노력한다면 남자가족들은 상견례 장소에 미리 도착해 있어 룸 안에 있고, 당신은 밖으로 나와서 예비신부 가족들을 마중하는 게 좋습니다. 그러면 당신을 예의 바르고 배려심이 많은 사람이라는 인식을 심어줄 수 있습니다. 양가가 상견례 이후 서로 합의를 하지 못해 준비가 진행되지 못하는 경우가 많으니, 미리 당신의 어머니와 예단과 혼수에 대해 상의하고 알고 있는 것이 좋습니다.

결혼식장 및 결혼 날짜는 기일을 정해서 여자가 남자 쪽에 알려 주는 것이 관례입니다. 그런 걸 크게 따지지 않는다면 더운 여름에 식을 올려 비수기 혜택을 받는 것도 방법입니다. 이때 남성분의 직장 또는 고향 쪽으로 하객이 많이 올 수 있는 곳으로 결혼식장을 정하고, 규모는 예상 하객 수에 따라 달라질 수 있습니다.

시간은 12시 이전에 해야 하객들이 배가 덜 고프답니다. 1시 이후가 되면 조금 저렴해지지만, 하객들이 조금 불편 할 수 있습니다. 이때 결혼식장 비용은 반반 낸다고 하지만 식비가 문제가 될 수 있습니다. 하객이 보통 각각 150석을 기본으로 하지만 한쪽이 너무 많거나 적을 경우 각각 식권 양 만큼 계산 할 수 있습니다. 남자 쪽 고향에서 결혼식장을 잡게 되어 여성 쪽 하객들이 타지에서 오는 경우, 남자 쪽에서 결혼식장 비용은 기본이고, 식사비용까지 모두 내어주기도 합니다.

여성 쪽에서는 인원수에 맞게끔 차를 대절하고, 아침 일찍부터 나서는 하객들의 아침 식사도 제공해 주어야 하며, 1인당 1만 원씩 주는 것도 관례이며 만만치 않은 비용이 들어갑니다.

> **TIP** 상견례에서 결혼식장을 정해보는 것도 방법이다!

여자가 양보 못 하는 '스.드.메' 이해하기!

'스.드.메'란 스튜디오, 드레스, 메이크업의 앞글자를 따서 줄여 말합니다. '스.드.메'는 보통 결혼식장에 패키지로 묶어서 많이 하며, 비용은 250만 원 정도입니다. 예비신부는 최고로 예쁘게 보여야 할 날인데 저렴하게 패키지 형식으로 묶어서 한다는 것이 내키지 않을 수 있습니다. 그래서 스튜디오 정도만 결혼식장에서 묶어서 하고, 나머지는 따로 하기도 합니다.

드레스는 가슴골이 파인 것을 선호하기도 하고, 메이크업은 해외에서 배워온 사람이면 좋고, 최소 서울 강남에서 일한 경력이 있는 사람을 원할 수도 있습니다. 따로 하게 될 경우 총비용은 300~500만 원을 훌쩍 넘을 수 있습니다. 남자는 예복으로 산 옷을 입고 결혼식장에 임해도 무관하고, 턱시도를 빌려 입기도 합니다. 분쟁이 생길 수 있는 것은 '스.드.메' 비용을 '누가 내느냐'입니다. 보통 여성쪽에서 낸다고 하지만 이것도 애매한 것이 드레스는 여성이 입지만 스튜디오 사진 촬영은 남녀가 함께 찍는 것이고, 메이크업은 예비부부 및 양가 어머니에 예비신부 아버지까지 포함되는 경우가 있습니다. 여유가 있다면, 스튜디오와 메이크업 비용 중에 조금 더 비싼 것을 내주거나 스튜디오 촬영 비용은 결제해 주시는 것도 평화 유지를 위해 좋은 방법입니다. 예비신부는 드레스 보조 및 가방을 들어주는 친구에게 비용을 따로 준비해야 합니다. 스튜디오가 비싸다고 생각되면 자연스러운 모습을 담는 스냅사진도 많이 이용하고 있습니다. 바닷가에 가서 찍고, 녹차 밭에 가서 'LOVE'를 들고 찍는 분들도 있는데 비용이 더 많이 들 수도 있으니 여자친구분과 잘 상의해서 결정하시길 바랍니다.

'스.드.메'는 결혼식에서 많은 사람에게 보여지는 부분이라 예비신부가 다른 건 몰라도 이 부분 만큼은 고집을 피우더라도 이해해주시길 바랍니다. 남자가 예복을 입고 메이크업과 머리를 살짝 만지는 것과는 차원이 다르답니다.

TIP 스튜디오, 드레스, 메이크업은 조금 양보하기.

주례, 사회, 축가, 신혼 여행지 정하기!

축가의 경우, 친구에게 부탁하면 '웃음바다'가 될 수 있으므로 예식장에 얘기하면 한 곡당 10만 원의 전문가를 소개해줍니다. 최근에는 생략하는 경우가 많습니다. 입장, 퇴장, 축하곡으로 3곡은 기본이며, 축주의 경우 팀으로 오니까 조금 더 비쌉니다. 안개 스모그, 폭죽, 하늘에서 눈 내리는 효과도 비용이 한 번에 10만 원 이상이랍니다.

사회는 예비신랑의 친한 친구에게 부탁하면 됩니다. 축의금을 받지 않고, 10만 원 정도의 선물이나 현금을 주는 것이 일반적인데 축의금을 내었다거나 타지방에서 오는 경우라면, 여행 후 선물로 하나 더 챙겨 주시면 됩니다.

주례는 결혼식장에 얘기하면 전문 주례나 사회 보는 분들을 소개해주십니다. 비용은 10만 원 선이며 적당한 명성과 경력도 가지고 있어서 잘 하십니다. 직장의 사장님이나 대학교수님을 많이 생각하시는데 부탁을 하러 직접 찾아뵙고 선물 및 현금 드려야 하고, 신혼여행 후에도 찾아뵈어야 하는 번거로움과 비용도 만만치 않습니다.

신혼여행은 평소에 가기 힘든 곳을 가보는 것이 좋습니다. 쇼핑센터가 잘 되어 있는 홍콩이나 하와이는 신부만 좋아할 수 있습니다. 유럽을 가되 치안이 좋은 곳 또는 배낭여행을 가시는 분들도 있습니다만 휴양지로 앞으로 없어질 수 있는 섬으로 가는 분들이 대부분입니다. 서로 가고 싶은 곳이 다를 경우, 주장이 강한 쪽이 비용을 조금 더 내기도 합니다.

웨딩카는 대여하거나 꾸미고 운전하는 사람 구하는 것도 비용이 만만치 않으니 주위 지인에게 공항 및 공항버스까지 부탁하면 됩니다. 지방에서 식을 한다면 무리하게 출발하기보다 공항 근처에서 하루를 쉬었다 가는 것도 방법입니다. 또한, 신부의 화장을 지우고 머리핀을 뽑고 정리하는 것도 보통 일이 아니라 공항 내 미용실에서도 시간이 꽤 걸릴 수 있는 점도 알아두시면 좋습니다.

요즘은 선물도 인터넷 면세점에서 사면 됩니다. 짐도 무거운데 이것저것 사서 들고 다니면 번거롭기만 합니다. 비행기 시간이 남으면 면세점에서 구경만 하고, 오실 때 간단히 초콜릿 정도면 충분합니다.

TIP 결혼도 정보 싸움! 알아두면 편하고 비용을 많이 줄일 수 있다.

예물, 예단, 혼수, 꾸밈비는 실용적으로!

집은 한번 사 놓으면 부동산이 되고, 전세금은 돌려받을 수 있으며 대출로 갚아 나간다는 개념이기에 주머니에서 돈이 많이 나가는 느낌은 아닐 수 있습니다. 하지만 혼수는 당신이 몇 평짜리 아파트인지에 따라서 안에 채워 넣을 수 있는 게 다르며, 어떤 브랜드인지도 중요하고, 카드와 현금 결제의 차이가 많기에 보통 현금으로 구매하다 보니 목돈이 많이 나가게 되어 실질적으로 여자가 현금을 많이 쓰는 것처럼 느껴집니다. 요즘 실속 있게 간소화하는 일에 많은 분들이 동의하시고 공감하실 거 같지만, 진짜 간소화하면 살면서 싸우게 될 때 '예단, 혼수로 고작 그거 해왔으면서'라는 얘기가 두고 두고 회자 될 수 있으므로 예비 신부 집안에서는 절대 쉽게 넘길 수만은 없습니다. 대한민국에서 결혼준비는 너무 힘들고 스트레스 받는 일이라서 정부가 결혼 및 출산 장려정책으로 무엇보다 예단, 혼수비 기준을 마련해주는 것도 좋지 않을까 생각해 볼 정도랍니다.

집안과 집안이 서로 합쳐지는 결혼이기에 집집마다 생각하는 가치관과 중요시하는 것들이 다르고 예물, 예단과 혼수는 정해진 것이 아니라 많이 받으려는 쪽의 생각과 준비해서 주는 입장의 생각이 너무나도 다를 수 있습니다. 요즘 가장 생략된 것 중에 하나가 예물입니다. 다이아몬드나 진주세트를 해주게 되면 이 만큼의 금액을 여자 쪽에서 시계 등으로 돌려주어야 하는 부담이 있어서인지, 요즘은 서로 각각 150만 원 정도의 커플링을 주고받는 정도로 하며, 결혼식에서 반지를 끼워주는 것도 생략하고 있는 추세입니다.

예단이란 과거 여자 쪽에서 비단을 가지고 가서 남자 쪽 직계가족에서 8촌까지 옷을 해 입는다는 것에서 유래되었는데 요즘은 크게 현금과 현물, 애교 예단으로 나누어집니다. 인터넷에 떠도는 업체들의 상술로 예단 3종 세트라고 해서 반상기세트, 은수저세트, 이불세트를 말하며, 애교 예단은 손거울, 귀이개, 청홍주머니로 구성되며 예비신부가 잘 봐달라고 시어머니 될 분에게 드리는 건데 생략하고 명품 가방이나 옷 한 벌을 받는 분도 있습니다.

남자분 입장에서 당신의 어머니는 젊고 세련된 시어머니라 생각하고 예단을 간단히 하자고 얘기하지, 절대로 생략하자고 하지는 않을 겁니다. 이때 예비 신부는 '간단히'가 엄청 부담스럽게 다가올 것이며, 결국은 할 거 다하게 되어 있습니다. 예비신부에게 꾸밈비를 준다는 것은 혼수를 해오라는 신호탄이고, 봉채비 돌려주는 것에 포함시켜 명목상 꾸밈비라고 주면 뒷말이 나오게 되니, 봉채비와 완전 별개로 생각하고 타이밍상 예단비를 받기 전에 미리 주는 것이 보기 좋습니다.

> **TIP** 두 사람의 행복이 최우선!, 간소하고 실용적이게!

예단비, 봉채비 문제가 파혼의 주범!

예단비는 통상적으로 남자 쪽에서 집을 해오는 비용의 1/10 정도 나 2천만 원 선으로 하며, 그 비용의 50%를 봉채비라고 해서 돌려 주는 것을 관례라고 생각하고 있습니다. 하지만 법으로 정해 놓은 것도 아니라서 예단비가 많고 적고, 돌아오는 봉채비가 많고 적고 때문에 양가 갈등이 있을 수 있습니다. 예단비가 생각보다 적다고 생각되면 봉채비를 주지 않을 수도 있고, 50% 미만으로 돌려주거나 애를 먹이기도 하는데 이렇게 되면 여자 집에서도 가만히 있지 않 습니다. 그래서 양가 부모님들이 서로 합의점을 찾지 못하면 마음 속의 갈등과 앙금만 남게 됩니다. 양가 어머니께서 예단비에 대해 서 확실하게 매듭지어야 나중에 뒤탈이 없습니다.

하지만 어른들은 돈 이야기를 직접 꺼낸다는 것에 대해 부담을 가지며, 마음속으로만 서로 '먼저 이렇게 해주었으면…' 하고 바라고 만 있다가 생각한 것보다 금액이 적으면 뒤돌아서 상대 집안 흉을 보거나 욕을 하면서 우리 집안을 무시하는 거라며 담아둘 수 있습 니다. 이때 당신에게 부모님은 답답함을, 예비신부는 섭섭함을 토로

할 수 있습니다. 이런 상황에서 누구 한사람 감정적으로 폭발해버리면서 결혼을 없던 걸로 하자고 하면, 그 결혼은 결국 파혼으로 끝나버릴 수도 있습니다.

예단비를 주어야 하는 예비신부의 어머니가 액수를 얘기하면서 "이 정도면 되겠습니까?"라고 말씀을 먼저 꺼내는 게 좋습니다. 그리고 당신 어머니께서 적당한 선에서 오케이 사인을 주시면 됩니다.

"2천만 원을 주신 것으로 하고 봉채비 1천만 원 돌려드린 걸로 해서 1천만 원만 준비해주세요"라고 합의를 하는 게 좋으며, 요즘은 더 확실히 하기 위해 계좌이체를 하는 게 번거롭지 않고 현명한 방법일 수 있습니다. 이는 성의가 없는 것이 아니라 편지를 써서 봉투 내에 속지까지 해서 현금과 수표를 홀수로 맞추어 큰 금액을 위험하게 직접 가져다주는 불편함을 간소화하는 것입니다. 예단비부터 실제로 돈이 오고 가기 시작하면 예비신랑의 중재적인 역할이 매우 중요합니다. 어느 정도 금액이 돌아가는 것을 알고 있어야 하고, 예비신부에게도 눈치를 주어 양가 부모님이 잘 맞출 수 있도록 적극 협조를 끌어내어야 합니다.

> **TIP** 봉채비는 돌려준 걸로 하고, 예단비만 받는 걸로!

신혼여행 꿀팁, 세상에서 가장 멋진 남자!

어떤 남자가 세상에서 가장 멋진 남자라고 생각하시나요?

필자는 '결혼준비 할 때 신부를 편안하게 해 줄 수 있는 남자'라고 생각하며, 기혼여성이라면 누구나 이 말에 공감할 거랍니다. 정말 멋진 남자인지의 판가름은 그동안 얼마나 많은 여자를 만나 섹스를 하고 예쁜 여자를 만났는지가 중요한 것이 아니라 평생을 함께할 여자가 당신의 집안에 융화되고 여자 쪽 집안에 대한 배려와 이해로 결혼준비를 실용적으로 잘할 수 있는 남자일 것입니다.

연애할 때는 배려심 많고 이해도 잘해 주던 남자친구였지만 결혼준비를 하면서 현실적인 부분 때문에 당신도 양보 못 하는 부분들이 생기고 서로의 주장을 내세우면서 여자친구와 참 많이 싸우게 됩니다. 두 사람만 사랑하면 되는 줄 알았는데, 결혼이라는 것이 양가 부모님이 더해지고, 물질적인 부분에서의 어려운 부분도 생기면서 여자친구를 서운하게 하는 일도 많이 생깁니다. 그런 섭섭한 마음도 언제 그랬냐는 듯이 결혼식이 끝남과 동시에 사라집니다. 이제 신혼여행 떠나는 당신, 세상에서 가장 멋진 남자가 될 수 있는 2

가지 팁을 드리겠습니다. 신혼 여행지에 도착하면 가장 분위기가 좋은데 이 얘기를 하고 나면 평생의 행복을 좌우할 수 있습니다.

우선, 신부에게 결혼 준비하면서 서운하게 했던 점들을 미안하다면서 위로해 주시길 바랍니다. 그다음은 당신의 비전을 신부에게 들려주시길 바랍니다. 이 두 가지 얘길 하게 되면, 당신이 정말 나를 사랑하고 있고, 나와 함께 미래에 대해 많은 걸 준비하고 있었다는 것에 믿고 따를 수 있으며 신부는 여기에 감동받습니다. 힘들 때마다 당신이 얘기한 것들을 믿으며, 함께 이겨내기 위한 원동력이 될 겁니다.

이제 직장인 연애의 끝, 결혼 생활의 시작입니다.

> **TIP** 신혼여행 가서 세상에서 가장 멋진 남자가 되어 돌아오시길!